大樂文化 You're Not That Great

讓好事發生的12堂讚美課！

人生或許屁事[illegible]少，好萊塢製作人教你如何快樂自找

葛爾（Elan Gale）◎著　蘇凱恩、尤采菲◎譯

目次 Contents

PART 2 即使不完美，也值得給自己一個讚美！

PART 3

致我母親：

她曾這麼告訴我：

「只要你還活著、還會呼吸，人生中的好事還繼續發生，

就表示屁事也不會少。」

推薦序

事未盡完滿，必然是因為尚未走到盡頭

天下雜誌換日線專欄作家、電影製片　顏卉婕

老實說，我拿起這本書閱讀之前，完全不知道埃蘭・葛爾是何方神聖，直到看完書之後，忍不住好奇查閱他的ＩＭＤＢ（電影資料庫），才發現他是身兼製作人、導演及演員的斜槓熟男。

很難想像，美國真人實境約會節目《鑽石求千金》及其系列節目的執行製作人，居然出書教人如何找快樂。雖然這位執行製作人頂著一頭亂髮，但是閱讀他的作品，卻可以透過他獨特的黑色幽默學，理清許多的人生課題。

坊間有許多教你如何正面思考的書籍，但在我看來，一本採取不同角度教你如

何擁抱「負面情緒」的書籍，可以讓你思考更全面。

我認為在二〇一五年由皮克斯動畫工作室製作、華特迪士尼影業發行的3D動畫《腦筋急轉彎》，其實正好是本書的最好引言。這部動畫的劇情就是講述擁抱「Sadness 悲傷」是人生中不可或缺的一環。

如果像片中的「Joy 樂樂」，永遠想辦法讓自己開心，不容許人生有一絲的悲傷，內心崩壞的程度反而更快速，更加無法想像。人生或許情緒應該要取得平衡，而不是一味地告訴自己「開心就好」、「正面思考」才是對的。

當我們開發電影劇本時，看過布萊克．史奈德（Blake Snyder）撰寫的電影編劇指南《先讓英雄救貓咪》，其中就有一段「英雄旅程」。什麼是英雄旅程呢？當英雄被召喚踏上旅程，並藉著超自然力量的協助或引導，進入未知的領域後，便開始產生內在的轉變。

此時的他會面臨挑戰與困難，甚至落到人生的谷底（也許死亡），唯有透過考驗，才有機會迎來重生的希望，並且完成人生的轉化。最重要的元素是在轉化即將完成時，發自內心的自我懺悔，而他將從這趟旅程中拿到神的禮物，回到已知的世界。

我們的人生也是一樣，充滿了許多挑戰，當這些挑戰出現的時侯，你要怎麼面對這些「屁事」？

埃蘭·葛爾直接點破大多數人的盲點。我們總是藉由其他人的「讚美」，給自己「正面積極」的理由，去安撫自己的情緒，而無法直接擁抱和面對人生中的壞事。但有時候，壞事就是會沒有任何理由地出現，而無法誠實地接受這樣的自己，不夠瞭解自己是誰，高舉著「愛自己」的旗子，是沒有用的。

當我看完這本書之後，對於人生中發生的一些事，能夠用不同的角度去觀看，並且「練習」面對及接受這樣的事實。事情發生了，需要的是怎麼面對和解決，只一味吃著甜食讓心情變好，追求短暫的安慰，事情依然沒有解決，而無法實際地解決問題。

「哭泣可以幫助我放慢腳步，沉迷於生活中沉重的問題。」這句話摘錄自《腦筋急轉彎》。希望大家看完這本「擁抱黑暗」的另類勵志書，從一個怪咖、矮個子及酒鬼作者的不同觀點，讓自己更有勇氣去面對人生。

前言

SO，屁事就是這麼多，怎樣可以讓好事發生？

我們不是笑著出生，而是尖叫著被生出來。

——布藍儂．布拉加（Brannon Braga，製作人、導演及編劇，一九九〇年後的《星艦迷航記》系列為代表作）

首先，我說個關於你的故事：好久好久以前，某個男人和某個女人對看一眼後，說：「好吧，也不是太差啦！」於是，他們墜入愛河（或至少還算喜歡對方），願意在同一間房裡袒裎相見、一絲不掛。

在認識第一天或幾個月後，男人把他的陰莖放進女人的陰道，經過充滿悶哼聲，汗流浹背、不停突刺也不怎麼舒服的三分鐘後，就大字朝天，對自己感覺頗為良好。

同時間，女人躺在那裡，萬分懊悔當初幹嘛給這傢伙電話號碼。當女人心想，這男人為何不能至少帶她到高潮的半山腰時，不知怎地，一枚小不拉嘰的精子慵慵懶懶、蹣跚朝一顆卵子前進，然後鬼鬼祟祟地鑽進去。

這兩個人就是你的爸媽，這就是你被創造的過程。基本上，你很可能是他們「隨便啦」，加上不使用保險套的成果。

❖一顆胚胎到一個麻煩製造者的3釐米

接下來的九個月，你住在媽咪的身體裡，竊取大部分她攝取的營養，還常讓她覺得噁心、不舒服。為了你，她不得不戒掉喝酒、抽煙的習慣，錯過許多她想做但最後做不成的事，只因為你在她身體裡長大，還他媽的根本不分青紅皂白，時不時就踢她幾腳。你簡直像毫無貢獻的吸血鬼在裡面游來游去。再說得更淺白一點，打從人生一開始，你就是隻水蛭，只會從臍帶吸光她的營養。

最後在某個良辰吉日，你消耗完你媽的快樂和精力後，決定該粉墨降臨這世界了。接下來等著你的，是充滿尖叫、外陰疼痛和長達十多個小時的悲慘時光。不管你覺得自己多麼了不起，請記得，**你在這美麗世界做的第一件事，就是給最愛你的人帶來最劇烈的痛苦**（還真了不起啊）。

不過老實說，你立即要面對的未來也沒好到哪去。接下來三年，你會變成專門製造廢棄物的設施，四處拉屎，嘔吐發出令人不悅的聲響、不好聞的味道，而且充分地讓老爸老媽沒辦法好好睡覺。

他們每隔幾小時就得餵你一次。通常媽咪得公然裸露才能餵飽你。任何你收到的禮物最後都進入嘴巴，然後下一秒就吐在地上。基本上，你努力地讓爸媽生活中的每時每刻都不好過，而你能提供的報償也很有限，頂多就是未來、可能、某一天，你會成為一個有用的人。這些人每天只要是醒著，就竭盡所能讓你活得好好的，而這就是你對待他們的方式。

對陌生人來說，你的表現更是乏善可陳。你在好幾間餐廳，毀了無數家庭歡樂的晚餐時光，甚至僅僅是你的存在，讓本來就已很難受的飛行旅程更難以忍受。你不停歇地尖叫、發脾氣、哭喊著「殺人哪」的劇情，這樣的劇情將持續上演個好幾年。不過別擔心，你很快就脫離嬰兒時期，成為一個屁孩。

但可以肯定的是，你終究會長成有用的人，對吧？用不了多少時間，你就成為一個既無私又能養活自己的人，對吧？呃，對此我們真不好說，因為接下來你馬上會變成一個無底的錢坑。

上學的各種用具、新衣服、生日派對等等，將吸乾你爸媽的銀行戶頭，而且還要算上那些玩樂、約會、去朋友家過夜的花費，和各種吃力不討好，又浪費你爸媽人生中好幾小時的家長會。

還不只這樣。你開始出現情感需求，需要不斷被「呼呼」。你想要把拔、馬麻稱讚自己是個「好寶寶」，但事實上你根本就表現得挺糟糕的。不過，老爸老媽並沒有命令你用小屁股坐下，也沒有讓你知道自己其實在慢性謀殺他們，還是繼續無私地鼓勵你。

當你終於大到開始接受國民義務教育，老爸老媽總算可以稍稍擺脫這個二十四小時的夢魘，獲得一些喘息時間（他們也總算重獲生機，搞不好還會在你聽不見的地方來個一發），上學的時刻終於到了。

你終於可以在學校裡畫畫圖、塗塗抹抹。說到這些繪畫作品（如果它們能被稱為作品的話），它們不只糟糕透頂，根本是垃圾。老師要你畫間房子和你的爸媽，但最後你交出的，卻看起來像棕色大方塊前有兩條畸形熱狗。而且，你說不定還像個沒有比例尺概念的智障，在畫紙角落畫了顆可笑的太陽。說真的，太陽如果離這麼近，保證每個人的皮膚燒焦到脫落。

於是，事態變得更糟糕了。當你拿著這張噁爛的塗鴉回到家，老爸老媽應該立刻燒毀它，再把你的手指用膠帶黏在一起，確保你永遠打消拿起蠟筆畫畫的念頭。但是，某個聲音告訴他們：「不可以這麼做」——心裡深處有某個聲音，要他們別告訴你真話。

於是，他們沒有堂堂正正地直視你的雙眼，要你繼續努力直到畫出來的東西不那麼屎。他們對著你笑，把你的史詩級廢作貼到冰箱門上，說自己多麼以此為榮，還稱你是「小藝術家」。

於是，你自我感覺超良好。就在那天，他們把你變成今日這個迷戀自己且極度自私的怪物！可怕的「自我」誕生了。它開始在你腦袋裡呢喃著甜美無用的廢話：「你值得擁有美好人生」、「你好特別、很強壯、好有能力」、「這世界就在你掌心」、「你已經夠棒、夠聰明了」，還有該死的「大家都好喜歡你」等等。

那個聲音從你把學校的垃圾美術作品帶回家那天起，到朋友謊稱你穿的褲子很好看的昨天，越來越茁壯，現在它成了你唯一聽得見且信任的存在。於是你相信自己很特別、很重要，所以註定要幹一番大事業。這就是你的故事、你的人生。這就是我們今天何以會走到這個境地。至少，到目前為止是這樣。

不過，你的人生即將改變。現在該是面對現實，讓腦袋中那個一天到晚說謊的聲音閉嘴的時候了。

聽好了：你原本是不停地無助尖叫，以驚人的速度從屁股被排泄出的一坨肉，除了你長得挺高或可能擁有大學學歷、「愛自己」的本質之外，大部分的事實都沒有任何改變。

所以，**你沒有那麼了不起啦！**

❖從否定開始的疑問劇

●你是誰？

如果你正在閱讀本書，可能你過得還不是太差，讓我們打開天窗說亮話吧！一本書也不便宜，至少這表示你應該有一份工作。為了上班，你大概還需要有輛車，或許不見得是你夢想中的車款，但至少會有座椅、車門，所以也算不錯了。噢，如果你在讀這本書，那就表示你是識字的，也就是說有機會受教育，夠幸運了。

老實說，這多半可以歸因於你的運氣好，跟你本身大概沒什麼關係。在你生長的時代，所謂的「工作」，不是被埃及人抽打得半死，只為了蓋一座可愛的「休息處」給某人叔叔的屍體。你還有時間抱怨拿鐵的熱度，不像你的祖先半數被活活餓死。

你的精力可以用在靠北飛機上的無線網路訊號有多爛，而前人為了把一封情書送到兩個州以外的地方，就可能染上痢疾掛點。你的人生簡直不可能再更好了，這個世界就是你的理想國。但是，你還期待每個打開的蚌殼裡都有珍珠。**沒錯！這一切聽起來都很棒！那麼問題是出在什麼地方？**

聽好了，我是不認識你啦，我是說你的問題可能是關於老爸情結，害怕被拋棄、常嫉妒或羨慕別人，但又驕傲到不肯承認。你或許不那麼成功或有生產力，你可能一邊翻著這本書，一邊想：「我他媽的幹嘛繼續讀這本一直在侮辱我的書？」心底知道你的問題多到不行你，但我們沒時間一一列舉。

這些問題確實存在，事實上我們每個人都有，換句話說，情況還不是太糟——

我想還是取決於你想要什麼吧。如果你滿足和其他人擁有相同的東西，那沒錯！這些問題一點都不重要，你繼續過你的人生，承認自己的靈獸是鴕鳥，把頭埋在沙子裡，假裝自己過得很不錯吧！

但是，假如你真的已經擁有渴望的一切，你會愉悅地泡著熱水澡，大啖巧克力，絲毫不會有一丁點罪惡感，也不會在這跟我這耗吧。SO，我們可以接著開始了？

●我是誰？

我跟你一樣，沒有安全感、害怕被遺棄，有關於老爸情結，陷入醜陋恐懼症和焦慮。我有潔癖，有時候還沒辦法好好使用標點符號。我是一大坨有問題的神經、肌肉組織，就和你一樣。不過，跟多數人不同的是，我知道這些問題是我最棒也最重要的一部分。它們造就出我這個人。

❖一切都很好？問題是……

我就是自己的問題，而你的問題是你自己都知道的：活到這把歲數，大概有幾晚這種經驗——凌晨三點，幾杯廉價的夏多內白酒下肚後，打電話給朋友，邊哭邊大喊：「我不知道自己怎麼了！」為了感覺自己還活著，你和不來電的人上床。一個人卻訂了夠六人吃的中國菜外賣，朝空無一人的房間大喊「我馬上過去」，只為了掩飾深深的羞愧感。

我要講的東西沒什麼新意，而我真正想指出的是你不知道的事實：**你是個癮君子！讓你上癮的東西是你的老朋友——正面積極。**

你之所以會聽從腦袋裡那個聲音，是因為你喜歡它說的內容、想要開心，你需要聽到自己是特別的、重要的，渴求它到無可救藥。你完完全全致力於自我感覺良好，但其實應該把焦點擺在：**讓自己變得更好**。

總是有人告訴你，正面積極可以解決所有的問題。他們總是說，你不正面積極，就活不下去（打從你爸媽把你的垃圾畫作掛在冰箱上以來）。你以為正面積極就是新品種的抗生素，但是正面積極並非解藥，而是一種病。

這個事實可能會讓你沒命，比那碗叉燒拉麵的鈉含量致命速度更快。

PART 1

如何終止壞事連連的人生？

我的心理治療師曾經對我說：「妳不是美女，長得一般般而已。妳也沒什麼才華，只是比較幸運。」她說，我需要接受自己的侷限，才能徹底克服自身的完美主義。

這方法果然見效了。因為她的話，我更想證明她是錯的！

直到有一天她對我說，她的病人從沒有自殺過，而我第一個想法是：「好啊！我接受妳的挑戰。」

後來，我再也不去找她了。

——妮基．格拉瑟（Nikki Glaser，喜劇演員）

【自找快樂1】

首先，別相信「積極、完美」這鬼話！

當別人批評你的時候，不過是告訴你這個世界看待你的方法。

——埃蘭・葛爾

❖入門課(1)摘除自我欲過剩的毒樹菓

人生還有什麼感受比讚美更令人舒服嗎？沒有。

讚美就像給你的腦袋一個抱抱，事實上還不只是這樣，讚美更像是一整晚火熱激烈的性愛，我是說真的。費特斯（K. Aleisha Fetters）在一篇為《Tonic》雜誌撰寫的文章中說：「當你接收到讚美時，腦中亮起的區域和做愛時一模一樣，甚至提出理論，證明讚美會促使腦內分泌多巴胺，讓人快樂得不得了。」

不過，多巴胺也和上癮有關。讚美的功效等同於尼古丁，一開始它帶來快感，但最後會讓你非它不行。它已變成你的一部分，遠在你連怎麼擦自己的屁股都不知道時，老爸老媽就會讓你坐在小人國版的馬桶上，為你鼓掌、唱歌、跳舞。你拉屎，他們連聲稱讚，彷彿這不是每種生物每天都會做的事。

你或許長大了，但每次拉完屎後想受到一輪掌聲伺候的需求，並沒有稍減，你甚至根本不記得自己有不仰賴讚美的時候。

它的影響和擁抱不同（擁抱棒極了），這麼令人上癮的正面積極就是種藥，所以它真的很危險。怎麼就沒有哪個「課後輔導專家」，主動幫我們的孩子戒除讚美癮呢？

❖戒斷讚美上癮症

讀到這裡，你可能會覺得有點不舒服。因為你看的那些心理勵志書，總是說你已經很棒、很迷人、很了不起，字裡行間充滿讚美，就像一邊為你口交一邊卻拿你錢的娼妓（老實說，真是很中肯的譬喻）。但它們就像每天用正向積極的話鼓勵你的朋友，都無法停止你需要被肯定的急切。

事實上，這情況只會越來越糟，因為你身邊的人往你的腦內灌輸太多「好好愛自己」光波（我很意外，就你那顆腦袋，都漲得簡直是顆吹飽氣的汽球了，竟然能順利通過走道）。

我們就面對現實吧！你根本沒辦法好好、單純地吃塊蛋捲，同時忍住不把照片放上「唉居」（Instagram）供人點讚。

但是，別把自己如此依賴讚美的帳算到社群媒體頭上。這些軟體之所以會出現，正是因為那些工程師知道它們能讓你感覺快樂和充實。所以，你無可避免會去下載那種運動程式，只為了讓臉書上的朋友知道你這週已跑多少公里。

你寫食記，讓其他陌生人可以從你「美味得不得了」的評語中受惠。你穿上一件褲子，然後問十個人好不好看。我甚至可以打賭，如果有人說你穿起來巨醜（這可能是事實），你會告訴他們這樣讓你很受傷，於是你身旁的人再也不會跟你說實話。

你需要稱讚、渴求稱讚、需要渴求稱讚，但你不願意為此努力，就是只想要人稱讚你，才不管他們的讚美是否真心。另一方面，你純粹只想稱讚別人，即便在心底深處知道對方可以進步的空間還多著……

你為什麼要這樣做？首先，是出於不想表現得負面消極，因為每個人都說負面消極不好。其次，是不想傷感情，因為你知道善良、甜美、溫和，比說實話來得容易多了。

但你是否曾想過，每次你看著某個人，卻不肯告訴對方，他的新髮型可怕到連上帝都難以寬恕，而且有十個人同時正對你做一模一樣的事，這個世界會變成什麼模樣？這麼多言不由衷的按讚和轉推，讓這個世界充滿了覺得自己很出色的一般人——自我滿足而且平庸。

當然，如果你滿足於成為平庸的人，那麼你已經達成目標了。但是，若你想追求卓越，去做點有趣的事，那麼你需要獲得一些動力才行。

❖捨棄亞斯柏格式的正面積極

基於上述這兩點，讓我告訴你哪些事情無法驅策你：

●正面積極

如果你完全滿意自己的現況，那麼正面積極，的確是令人愉悅的信念，但如果你只想把事情搞定，正面積極就會變成一張你脫離不了的巨大吊床，怎麼掙扎都無濟於事。因此，如果你真的想改變自己的人生，就需要利用其他更具有驅動力的情緒，比如憤怒、怨氣、挫敗感或復仇的慾望。正面積極的態度不會觸發這些感受，但負面消極可以。

●不管你是誰，人生總是充滿負面的情緒

你不可能逃開負面情緒。我的意思是你大可試著保持正面態度，滿口積極的狗屁，但人生就是充滿各種大起和很多大落。本書就是要教你怎麼利用它們，把這些負面情緒轉化成行動。這麼做也許不會讓你覺得舒服，但會讓你變得更好，而不是只對自己的現狀自我感覺良好。

為了達成這個目標，你需要負面消極。想想在還是青少年的孩提時代，是什麼更能驅策你？那個待人很好，邀請大家參加他的生日趴的男孩，或是那個霸凌你、燒毀你的課本，讓你哭著跑回家的智障混蛋？托那個傢伙的福，你幻想著將來某一天變得更強後，就要買一臺推土機，一路開到他家，趁那個智障混蛋上廁所時推倒他家的牆，讓每個鄰居都可以看到他拉屎的模樣。

SO，當別人故意找你麻煩、訕笑你不夠好、絕對成不了氣候時，你心裡湧起的那股感受，正好就是能賦予你需要的意志力，讓你一躍而起、挺身奮鬥。

那些不喜歡你、不相信你的人，說你永遠不可能變成夢想中的樣子，樁樁件件都能帶給你很強大的力量，但你已經把它們從生命中清除得一乾二淨（幹得真好啊）！你化解每場衝突，在每次爭吵中都是心胸寬大的人，你大聲地宣佈：「我的人生，沒有空間留給那些負面的人」，但事實上你需要的恰恰正是這些人。

而且，搞不好你並不是不喜歡他們。你覺得難受，是因為你意識到他們的話，和你心底深處的感受產生共鳴，它代表的真正意義讓你感到害怕，你不想要聽到任何人說你不夠好，因為你知道他們說得沒錯。那些話真的負面消極嗎？還是它們是事實？如果它們只是負面消極的言論，你為何不一笑置之就好？如果它們沒有命中要害，你為什麼會避之唯恐不及？

當然，你人生中的負面人很可能真的就是混蛋。對！這世界上本來就不缺那種意圖不軌的壞傢伙，但多數人都不是真的聰明到別有居心，只是心直口快地說出自己的想法和觀察。

別人批評你時，不過是在告訴你這個世界怎麼看待你。如果你不喜歡他們說的，也沒關係，但與其忽略這些言論，不妨認真思考一下他們批評的內容。

先暫時關掉受傷的感受一秒鐘，問問自己：「他們說得有道理嗎？」如果是，現在就是你改變的機會，來證明他們錯了。

別對這些黑粉置之不理，要利用他們來幫助你自己不斷進化、改變，直到你成為比他們想像中好上一百萬倍的你。到時候，如果他們嘴巴還是這麼臭，你就可以叫他們閉嘴滾蛋了。

❖抽離被誤導的夢想鐵鍊

幸好，雖然你已經成功地清除生命中所有負面的人，但你還是可以獲得史上最具毀滅力、最狂暴的一股力量：你自己。

沒有人會比你更不喜歡自己，因為沒有人比你更瞭解自己，而你越瞭解自己，就會對自己越吹毛求疵。你可以在朋友面前隱藏所有的缺點，但無法殺死心裡那微小、誠實的聲音，也就是你對自己真正的看法。但是，當你終於釋放腦中急速累積的自我憎惡時，你會發現自己更有能力去做想做的事。

不過，首先你需要擺脫正面積極的威力。在你完全趕走它以前，有件很重要的事，就是真正瞭解正面積極的思維會達到哪些效果、影響哪些事？

正面積極的思維，絕對是世界上最強大的力量。看看我一位來自佛蒙特的朋友詹姆斯的故事。

詹姆斯沒什麼家人。年紀還小的時候媽媽就棄他不顧，大受打擊的爸爸只能兼兩份工作養活詹姆斯。他可沒時間教詹姆斯什麼是「正面積極的思考」。正面思考是種奢侈品，只有那些樣樣都不缺的人才負擔得起。

他能教詹姆斯的是「認真工作」、「全力以赴」。但對任何人來說，光這樣是不夠的。起碼你需要覺得自己有價值，需要知道自己有多了不起、需要告訴自己當之無愧，光是認真工作還不夠，說真的不能算是成功。

起碼每天早上不管什麼時候起床，你都該在鏡子前大聲說出「我很棒、我很了不起」、「我正在逆風高飛」、「我是浴火鳳凰，就算死了還是可以捲土重來」，不光是這樣，你還得這麼告訴那些忍受得了你，願意和你相處的人。

不過，詹姆斯過得還不差。他在家鄉一間很不錯的披薩店工作，邊賣手工披薩邊試著拿到大學學位。詹姆斯雖然不清楚自己的人生志向，但知道只要聽從爸爸的教誨，努力工作、勤奮不懈，總有一天自己會在這個複雜的世界裡，掙得一席之地。

直到二〇〇六年，他聽到某個以前從沒聽過的玩意：正面思考的威力。這個新發現，從此改變了他的人生。

這個新理論認為，要得到你想要的東西不見得要努力工作，如果你還沒有得到自己想要的，是因為宇宙不知道你想要它們，誰叫你沒有發送正確的能量。你投入多少能量，宇宙就會回報你多少（我們知道這都是真的！因為每個把願望告訴宇宙的人，最後心願都成真了）。真的，每個付二四．九九塊美金買這種書的混蛋，最後都搬到月球上的超豪華莊園，而且成為月球的總統！

對詹姆斯來說，這句話改變了一切。他一直夢想成為ＤＪ，站在成千上萬人面前，讓他們盡情跳舞、開趴、嗑嗨、享樂，結束後，眾人會為那段放蕩的時光感謝他，更別說還有許和多迷妹上床的機會。但他從未想過追逐這個夢想。他有帳單得付，要當ＤＪ的各種器材、設備都需要錢，更重要的是他一點音樂天分都沒有。

但那個新理論，讓詹姆斯學到他只需要「夠想當個ＤＪ」，不用真的學習怎麼當個ＤＪ，最後這個世界就會為他成就夢想（一如既往，不過只適用有購買精裝版的人，如果你是買那種便宜平裝版就別做夢了），讓他獲得名氣和財富。

最後，詹姆斯決定孤注一擲。他從大學休學，辭去披薩店的工作，並對所有朋友宣佈：「我要去當DJ。」

朋友試著讓詹姆斯坐下，對他說：「你根本不知道怎麼當DJ」、「你有唱片或是唱盤嗎？」沒有人認為他知道怎麼做DJ，但才不會被這些唱衰自己的人影響！他意志堅決、誓要有所成就，因此朋友也只能支持他。

詹姆斯自製印有他照片和藝名的廣告傳單，不停到各大夜店，做盡所有DJ可能會做的事，但就是沒辦法成為真正的DJ。但沒關係，他還是不斷告訴自己：「你很棒」，即便戶頭空空，不得不搬進位在格蘭岱爾（Glendale）的地下室（屬於大學前室友的叔叔）。他還是大聲宣告：「我要成為史上最有名的DJ。」

即使無法回到原本的小披薩店，不得不在殼牌（Shell）加油站兜售廉價保險套、香煙和口香糖，他依舊告訴每個客人：「我會成為世界上最有名的DJ」。即使根本沒有獲邀演出，還是帶著自己的裝備跑上夜店舞臺，造成幾乎每間夜店都禁止他進入，他還是說：「我要成為史上最有名的DJ！」、「我很棒、我很好」、「我是最棒的！我肯定、絕對會成功」、「正面思考是我的靠山，沒有任何事能阻止得了我！」

他不肯放棄、拒絕投降！他從未停止向宇宙投射他的夢想，也不曾懷疑自己。他絕不放棄正面思考——絕對不會！誰阻止都一樣。

❖宇宙再大，人生是你自己的

你知道這個人是誰嗎？你不知道，因為他現在是田納西州諾克斯維爾郊區一間藥廠的會計，負責處理和薪資相關的問題。他幫比自己成功的人——那些跑遍貪婪醫生的辦公室，專門推銷威而剛和伐尼克蘭的業務打理薪資。

他和自己厭惡至極的老婆同住。他的孩子則一心寄望：「長大以後不要跟老爸一樣，他看起來老是很悲傷的樣子。」

週日，詹姆斯會坐在家裡，面對那個將他無數次哀求置之不理的宇宙。他人生中的其他人，對他的真實面貌，和他想成為什麼樣的人毫無所知。他們也不相信他。那些人是對的，因為詹姆斯從未成就過任何事，除了正面思考之外，他從沒真的學著去做任何事。

他沒有這個需要，因為理論上只要維持正面思考就夠了。

我的朋友，這些就是正面思考的威力。我不是說當個薪資會計，或去賣保險套、口香糖是很卑微的事，我絕對不是這個意思。所謂的「成功」，就我看來，定義是很個人取向的，實際上也是如此。固然不是每個人都能成為碧昂絲、梅麗莎・梅爾（Marissa Mayer）❶或伊隆・馬斯克（Elon Musk）❷，但也不見得每個人都想成為他們。

如果你替詹姆斯覺得悲哀，不是因為他沒有費心力滿足你的期待，而是因為他沒有完成自己的期待，他沒有去做任何他想做的事。所以，在你開始擔心自己為什麼不是成功的億萬富翁，或世界知名的搖滾巨星之前，要搞清楚，重點都不是這些，重點是：**鞭策自己，朝著自己的夢想和能力的極限前進。**

人生只有一次（拜託只有一次，這玩意累死人了，我絕對不想再來一回），還有什麼比浪費人生更不尊重整個宇宙嗎？你想怎麼過你的人生就去做！

---

❶梅麗莎・梅爾：Google 第一位女性工程師。

❷伊隆・馬斯克：SpaceX 的執行長兼首席設計師、特斯拉汽車執行長兼產品架構師以及 SolarCity 的董事長。

【自我快樂2】

再來，別管人生為你準備了什麼！

我認識很多人，像史考特（《奇異博士》導演），不論人生為他準備什麼，他都欣然接受，在本書中，你會聽見更多我敬重的人的故事。

——埃蘭・葛爾

❖入門課(2) 拒當被「不可能」三字旋轉的風向雞

我一直都知道自己想進娛樂界。我很愛講話也喜歡大家聽我說話。老實說，我有很多慾望都是出自心中深藏的不安全感，而早在曉得它們是啥玩意時，它們就在我心裡生根。**我很怕死，不希望自己的人生毫無意義，即便終有一死，還是想留下**

具體的東西。

我想過當總統，但沒什麼道德感，所以此路大概不通。我從不確定自己想不想要小孩，因為實在太怕死，所以從沒想過可以活到娶妻生子的地步。於是，我寫稿子、執導、製作一些人們會記得且談論的東西。這些東西成為我死後和活人世界還有所連結的唯一希望，我很確定這就是我要的。電視和電影，即使我死後還是能繼續下去，讓人淺嚐死後世界的樣貌。

❖鑽石舞台：靚裝偶像自愚娛眾的歌舞秀

在我還小的時候，就有很多人不斷鼓勵我。朋友、家人都會告訴我，不管我想做什麼，要找到受眾都很容易。但我怎麼能相信這些人說的話呢？畢竟，他們每個人給的反饋都是千篇一律，無非就是鸚鵡學舌的那句：**你很棒！**

還記得以前大型實境選秀節目《美國偶像》以前有多轟動嗎？雖然很不想承

認，但其實大家都知道，會看這個節目的人對台上唱歌的傢伙，真的只有一丁點的興趣而已。我的意思是說，能當眾大聲唱出史密斯飛船的歌〈甜蜜情感〉，是挺酷的，但如果真的很想聽這首歌，直接去聽原唱史蒂芬・泰勒唱就好啦！

說穿了，人們之所以喜愛這個節目，純粹是因為試鏡的過程是如此痛苦，但又療癒。有時候，光是某些不被看好的人居然跌破評審眼鏡表現得超殺，還滿有趣的。但我必須承認，最有趣的還是看著某些自信心爆表的傢伙，徹底跌個狗吃屎。

在這個環節裡，節目的劇情走勢總是相同：某個才二十初頭的少男或少女，和評審西蒙❸、蘭迪❹以及寶拉❺一起，大搖大擺地走上臺，即便那男孩（或女孩）一個字都還沒說，你依然可以感受到他們的自信。這些表演者會充滿驕傲地宣告自己要唱某首很難的歌，把評審震驚到吃手手。

這時，蘭迪會挑個眉，接著好戲就上場了，從他（她）嘴裡吐出有如恐怖片音效的聲音。於是，寶拉先吐出贊助商提供的可樂，接著賽門試圖阻止台上那隻垂死的貓繼續唱下去，然後評審群起圍攻告訴那個蠢蛋，你的表演多可怕、多糟糕。

每次，那些奚落的負評都讓表演者聽不下去，但他們絕不會說：「喔！我的天哪！我是個活生生、會呼吸的恐怖歌手！我真不敢相信自己讓家人、朋友忍受了這麼久，我應該要被安樂死才對。」

不，他們總是回答：「我很棒，錯的人是你。」，而我們這些坐在家裡客廳的人，則會面面相覷，心想：「靠腰！這些人有什麼毛病啊？」

其實，答案很簡單。**這些自信心爆棚的參賽者之所以相信自己很棒，是因為朋友、家人甚至陌生人常這麼說服他們。人們為了繼續過自己太平的日子，寧可說**

---

❸ 西蒙・高維爾（Simon Cowell），英國唱片、電視製作人、Syco 唱片公司老闆。他是多個電視選秀節目的評審，包括：《流行偶像》、《美國偶像》、《X音素》、《全英一叮》和《全美一叮》，發掘不少人才。

❹ 美國搖滾音樂歌手，傑克森五人組主唱之一，流行音樂之王麥可・傑克森的弟弟。

❺ 寶拉・阿巴杜（Paula Julie Abdul），美國創作歌手、編舞、舞者、演員和電視通告藝人。寶拉・阿巴杜在一九八八年發行首張專輯後，旋即成為全美家喻戶曉的大明星，聲勢一度直逼瑪丹娜。

「你很棒」，也不想嘗試在說出「你別做夢了」後，得收拾情感災難的殘局。毫無疑問，這些親人、朋友當然不是心存惡意，他們打心底支持這個爛透了、糟糕透頂的歌手，相信這是件對的事。

但是，對當事人來說，他們這麼做不但大錯特錯，而且很殘忍。他們害當事人一而再、再而三地走上錯路，直到漫不經心的黑洞把當事人吞噬了，再也無人聞問。或許這樣說有點誇張，但至少這讓當事人糗得要命，而且浪費許多難以置信的時間。

要幫助這些不可能達成目標的人，有兩種方法。第一，在他們不小心浪費掉所有人生，試圖攀爬那座永遠無法登頂的山峰前，就趕快勸退他們。另一種方法，則是告訴他們：「你沒這麼了不起，如果你想變得更好，你要下的功夫還該死的多著呢！你現在的歌聲聽起來像是被車輾過的浣熊。」

這聽起來或許很嚴厲，但不妨這麼想：家人、朋友這麼盲目地支持這麼多年，結果卻是讓當事人自我感覺很良好。當然，自我感覺良好的心態很不錯、很舒適，但由於當事人從不認為自己需要改進，於是下場就是他們絕不會變得更出色。

這些因得到盲目支持而自我感覺良好的舒適感受，導致當事人繼續尋夢之旅，直到最後，夢想反倒在全國轉播的電視節目上，在百萬人面前，大咬他們屁股一口。

我替這些人難過，不是因為他們的難堪——每個人都有出糗的時候，事過境遷就沒事了，而是因為他們回家後，看著家人的眼睛時會發現，原來這麼多年來，自己都被騙了。

所以，當愛我的人告訴我「你很棒」時，我怎麼聽得進去呢？假設我真的相信他們所說的，除了讓我自我感覺良好之外，到底對我有什麼用？我記得大部分的朋友、老師和親戚都告訴我，繼續努力，有一天你會在世界上找到容身之處。但老實說，這些話都不是真的很有幫助。

❖素人學院：免洗編劇獨立製片的煙、酒、性愛

我本來就清楚自己想做什麼，也知道要不斷嘗試，雖然我其實挺喜歡在「好萊塢影視公司」當客服，偶爾兼職外燴人員，但我知道自己願意不惜一切代價，只為了永遠不要再做這些工作。

不過，有個人對於我是否有能力完成夢想抱持著懷疑的態度，這個人就是我老爸。他的心態不是真的很負面，也從不會唱衰我，他的確會鼓勵我去嘗試做每一件能幫我進入演藝圈的事。不只這樣，他還希望我能繼續讀書，因為要是我的這條路不幸失敗，至少我還能擁有其他的選擇、一個備案。

這段對話發生在我準備就讀大學時。那個把第一張圖畫糞作帶回家的屁孩收到的空泛稱讚與鼓勵，自己老早就不記得了。但是，當老爸一心試著想幫忙而告訴我，要靠當藝人養活自己是不可能的事時，我的憤怒可是忘也忘不了。

我氣死了！他憑什麼這麼說!?他怎麼敢踏出神聖的讚美圈，對我指指點點？我

要證明他是錯的。但怎麼證明？

那年我十七歲，就像每個十七歲的青少年，自負得要命，滿腦子都是「我我我」。我又氣又難以置信，但確實沒什麼可以倚靠的對象，除了念大學之外，也拿不出更好的方案。（雖然我以為自己主修的狗屁「電影和視覺文化」，就足夠拿來當證明了。）

那時候，我還不曉得大學會這麼令我難以置信的無聊，更何況，我已經做盡那些雖然有趣但完全不該做的事，譬如：煙、酒、性愛。對我來說，大學只是一群小鬼裝大人的地方而已。

我沒有加入兄弟會，意思就是，我沒有社交生活，結果我發現自己有一堆時間呆坐著思考。在又爛又小的宿舍房間裡，在無止盡的閒暇時間中，我不停想到我爸的那句：「**不可能。**」

也就是那時候，我開始制定計畫。我開始天天寫作，拍短片和音樂錄影帶，自學怎麼剪輯影片。此外，我還自學 Photoshop，只要有可能，我就以服務換取金錢。

我還為剛成立的獨立製片公司免費編寫劇本。

我的課業表現也跟著一落千丈，不過沒關係，因為我他媽的也不在乎。大學裡沒有我想要的東西。我想要的東西目前還遙不可及，但我可沒打算妥協。我沒學到怎麼處理失望情緒；沒學到邊走邊看；沒學到放輕鬆、順其自然。於是我越來越憤怒，直到有一天，我終於準備好爆發了。

我現在有個敵人，但不是我爸，而是他傳達的「不可能」的看法。一想到有人說我無法做到某些事，就讓我搖身一變，成為任何人想像得到最充滿精力、鬥志的瘋子。我幾乎不睡覺，只要有任何可以證明他們錯了的事，我都會去做。

即使「感覺舒服」的念頭很不錯，但沒有什麼像「感覺很差」一樣讓人充滿動力。當別人說我不可能擁有我想要的生活時，那種害怕的感受讓我變得既堅決又強大。對我來說，證明這些話是錯的非常重要。

我有個頭號大敵、一堵待征服的牆，和需要對抗的事物。當後面有搶匪在追你時，是你跑得最快的時候；當你腳下的水裡有隻張大嘴的鱷魚時，也是你跳得最遠的時候。

我不用再說得更精確了，因為每個人的人生不盡相同，不過，在那之後接下來的幾年，我的人生可以被濃縮成一件事：證明自己是對的。這股渴望令我的眼瞼內側好像被刺上「不可能」這幾個字，於是我每天早上起床時，從未覺得自己表現得煥然一新，準備好完成某些事，不，我每天早上起床時只覺得火大，因為我還沒達成目標。

於是，我睡得更少了，因為我覺得自己不配睡覺。我也不參加家族旅遊，因為那不是我自己贏來的。我繼續住在那間很爛的公寓裡，因為我不配去住地毯上沒有狗屎味的地方。

❖好萊塢羅曼死，娛樂天國上的救生梯

然後，我開始在娛樂界闖出名堂。那一刻，我終於覺得自己是對的，確定自己

贏得了什麼，終於覺得我配得上什麼。於是我讓自己多睡一點、去度個假。我終於能把「不可能」三個字，塞進那些人的屁眼裡。

我開心得不得了，但也只有一瞬間。因為我突然發現沒有敵人了。我失去人生中最有勁的一股動力——想證明自己是對的那股恐懼、憤怒和渴望。這股動力讓我能一路達到今天這個位置，要是沒有它們，我還能成就什麼？

但接下來，某件美好的事發生了。我發現自己還不滿足，並找到新的癮頭：**消極負面。**

過去，我對正面積極上癮這麼久（就跟它掌控各位的時間一樣久），我還留著最後一絲正面積極的毒素。我會對自己這麼說：「幹得好啊！你做到了，你證明大家都錯了。」但這麼做一點用都沒有，反而讓我覺得很累又自以為是。

我發現這種自己恭喜自己的氛圍，只會變成阻礙，於是我開始一個新的人生計畫：把注意力擺在所有和我作對的事上，用負面和否定的言語抓著自己猛打。所以，我現在沒有辦法坐在這，列舉出自己所有的成就。不管再多成就，對我來說都不夠！就是這種負面的想法，讓我每天早上爬起床，成為別人眼中「頗有成就」的人。

是啦，我養得活自己，正在做不可能做到的事。但這是我能成為最好的樣子嗎？我有善用每一分一秒嗎？我還有什麼問題？這個嘛！我還是孤家寡人，很胖、身材走樣，是個不受控、正在慢性自殺的酒鬼。

我不厭其煩地告訴各位這些事（以上皆是，而且換成別人，絕對不會告訴我），同時一而再、再而三地告訴自己，**直到我把所有自滿的感受，全都換成憤怒、恐懼、絕望和難過。畢竟，這些情緒讓我成為今天的我。何必放棄呢？**為何覺得人生不過爾爾？何不利用這些他媽的感受打造出最棒的未來？

不過，我知道你正在想些什麼，你想著：「那活得快樂呢？」快樂過活的評價過高，更別說是個狗屁謊言（後續我們會聊得更多）。但首先，我們談談重要的情緒——若你想過最棒的人生所需要的情緒。

憤怒、悲傷、恐懼、自我厭惡、絕望，以及氣到發狂、害怕死亡、想復仇，才是能讓你成功的元素。

現在是你停止逃避，把它們變成你嘍囉的時候了。當我著手撰寫本書時，需要確定自己對正面積極、消極負面和成功的主張都是正確的。我需要問自己一些問題：

我是不是一團糟？

或許這種特殊的思考模式只適合像我這樣的人？

這一切會不會只是個屁？

於是，我開始四處和朋友、認識的人聊，也寫信給我欣賞的傢伙們，詢問他們有什麼和負面情緒交手的經驗？這些經驗在他們的人生中扮演什麼樣的角色？

好萊塢那檔事

到現在，我還記得史考特・德瑞森（Scott Derrickson）的回應。他是相當成功的電影導演，在尚未拍攝《奇異博士》成為全球知名的導演前，也曾面臨過不少困難。以下是我們的對話：

Q：什麼情緒最能支撐你渴望成功的慾望？

A：以我的情況來說，從小到大，恐懼一直是最能驅策我的一股力量。看恐怖片是探索和幫助我理解恐懼，同時面對內心的恐懼的方式。不論身為觀眾或導演，這類影片幫助我面對關於自己和世界，那些沒說出口或說不出口的事實。對我來說，恐怖片就代表「不再自我否認」的類別。

Q：當你有負面情緒時，你會怎麼回應？你會想試著擺脫這些情緒，或是用它們來刺激創意？

A：其實，我不太會使用這兩種方式。我會試著面對和理解這些情緒。有時候，這些情緒不理性，也不符合事實，我們需要去抗拒它們，但有時候，這些情緒只是反應了我們需要擁抱並接納的殘酷事實。

Q：你的事業或個人生活中有出現過低潮嗎？如果有，經歷過這些事，有讓你變得更好嗎？

A：我拍過一部失敗作《當地球停止轉動》❻，幾乎毀了我的職業生涯。足足有兩年時間，我沒接到任何編劇和導演工作。我心裡充滿恐懼，我發現我的自我認同和安全感，都和工作綁在一起。後來，我拍了《凶兆》這部片，用來回應我心裡的恐懼。伊森・霍克的角色，正是我不希望自己變成的樣子。

Q：你最喜歡的負面情緒是什麼？為什麼？

A：罪惡感。有種罪惡感是假的，但我不常有這種經驗。對做錯的事和自己的短處有罪惡感，對我來說是很重要的負面情緒。如果我們不擁抱、傾聽它，我們怎麼會有動力讓自己變得更好？比起成功，我更在意自己能否成為更好的人。至於開心，也不及人生有意義來得重要。我需要罪惡感幫助自己知道應該改變哪些行為，**擁抱罪惡感也讓**

---

❻於二〇〇八年上映的美國科幻電影，重拍自一九五一年的同名科幻電影。該片為大衛．史卡帕擔任編劇，劇本根據一九四〇年哈利．貝茨所寫的經典科幻短篇小說《Farewell to the Master》及一九五一年愛德蒙．H．諾斯的劇本改編而成。史考特．德瑞森執導，由基諾．李維飾演外星人克拉圖（Klaatu）。

我更願意原諒別人。

Q：你會給沒有安全感、充滿恐懼、絕望或難過的人什麼建議？

A：別否認你有這些感受，要更深刻地去感受它們。和它們面對面，是你贏過它們的唯一方法，和這些不安全感、恐懼、絕望或難過的搏鬥的痛苦，正好能塑造你成為自己應該成為的那個人。

我認識很多不光只是選出好情緒來談的人，史考特也是其一。不論人生為他準備什麼，他都欣然接受。在本書中，你會聽見更多我敬重的人的故事。他們許多人同意我的哲學，更重要的是，在聆聽他們分享的過程中，我也更認識自己。你也應該這麼做，小智障。

【自找快樂3】

因為人生本來就不公平，好人也會遭遇壞事

這世界上有兩種人：第一種人只關注過去，從錯誤中學習，第二種人則是在森林裡被吃掉，決定你是哪種人吧！

——埃蘭．葛爾

❖入門課⑶神說要忘記

要戒除任何癮頭的第一步，就是承認自己有問題。所以做個深呼吸，跟著我重複說三遍：

我對正面積極上癮了。我對正面積極上癮了。我對正面積極上癮了。

我更在乎自我感覺要良好，而不是真的想變得更好。

我沒有什麼了不起。

好極了！現在你已通過要戒除「自我感覺良好狗屁癮」的第一步。你可以脫掉那條愚蠢的瑜伽褲，從你「冥想房」的牆壁上，撕掉那張「我向你鞠躬」的貼紙，把自家釀造的康普茶，還有你最後那一絲當之有愧的自尊，倒進水槽，然後煥然一新地開啟新頁！

接下來呢？既然你現在已經知道，這世界對你開不開心根本不屑一顧，那麼該怎麼進行下一步？這個嘛！很不幸地給你一個建議，你得先把過去這麼多年來學到的邏輯，拋諸腦後。

它們大多數很可能透過 Instagram、各種恐怖的排行榜或甚至從泰瑞——你某位白痴叔叔的臉書上，不知不覺中滲透到你的潛意識裡，然後重複不斷出現（這些想法或感受通常讓人感覺很單純又舒服），現在就活生生存留在你的思緒裡。我稱它們叫心靈陷阱。

❖廢度爆表，金酸莓格言榜

我指的心靈陷阱，well，一般人喜歡用心靈勵志小語代稱。（當然，也不只這樣啦）。我的意思是，打從你出生直到拿起這本書的十秒鐘前，大概早被各種垃圾建議搞得暈頭轉向，現在你需要敞開心胸好好深深地探索一下自己的內心，再花點時間認真地（它的確是這麼說的？）審視那些你聽過太多次，以至於深信不疑的勵志格言。

它們已經成為我們日常生活和文化的一部分，而且在許多地方也像既有文化中需要被拆毀的那部分。那些最常見的陳腔濫調不但語意模糊、令人困惑，更糟糕的是常彼此矛盾。

我曉得你不會把每句格言都當真，而且毫不懷疑，但文字呈現的效果始終是很重要的。

不妨讓我們從字面上的視覺印象，來看看它們如何運用這些常見的勵志格言：

● 把每天活得像是人生中的最後一天——爛番茄指數87%

你會怎麼過活在地球上的最後一天？答案是努力去完成所有沒建設性的事。

有些人會把錢都花在自己一直想買的車。有些人會終於鼓起勇氣，和一直想上床的同事來個一發。有更多人會乾脆毀了自己的婚姻，背著老公偷吃，用畢生積蓄買一輛坦克，開著它輾過老闆的湖畔別墅，或是對積怨已久的家人說出心中的真實感受。

此外，絕大多數的人在世的最後一天，會躺在地上蜷成球狀，歇斯底理地大哭，希望這場惡夢可以趕快過去。

好吧，這些話比較誇飾，但也是正常的。根據上述金句的邏輯，它們是很好的建議。當然，不至於有人建議你把有種族歧視的阿姨綁起來，丟下大峽谷。瞧，這類勵志格言就是要給你一種「fu」，但我必須遺憾地指出這種fu是錯的。這種格言有過度簡化之嫌，而且基本上就是用比較有禮貌的方式，說出：「你是個小傻瓜，哪搞得懂複雜人生。」

●盡情築夢，宛如你將永生不息、把人生當作永恆那樣去夢想——爛番茄指數78%

你知道自己會有什麼夢想嗎？我指的是，當你已三千多歲，有獨一無二的榮幸，可以經歷由人類發起、意圖毀滅自己，最後卻沒成功的每場世界大戰，且渡過核爆末日，還擁有的那個夢想。

想像一下，你所愛的每個人都掛了，就連你終於努力打起精神再愛上的下一個人也死了，這樣一而再、再而三，無止無盡地失去所珍愛的事物後，你唯一的夢想，難道不是希望睜開眼的那天，成為你活著的最後一天？

顯然，沒有人會真的想要像這樣的夢想。既然如此，想出這句格言的人為什麼非要這麼說？莫非他們覺得你太笨，不懂要做長遠規劃，非要採取短期行動以完成長期目標？

還是他們覺得，如果一句話無法被印在馬克杯，或鄉下雜貨店的可笑的T恤上，你就會聽不懂？

● **放手讓上帝接手——爛番茄指數44％**

在高速公路上開車時試試看，再告訴我結果如何。

● **相信自己，爛番茄指數66％**

你認真的？為什麼要相信自己？那些真正相信自己的人才不會在Instagram上，尋找能激勵自己的心靈小語。他們忙著在蓋橋或競選國會議員。這句話是要給誰的？我怎麼從沒看過哪個受景仰的人有類似的貼文？

● 這就是人生，爛番茄指數99%

我想，英文裡應該找不到比這口號更沒有意義的句子了。但一般人都會這麼說，而且他們還真的就是字面上這個意思！

我必須指出，這句話的智商，和張開嘴把拳頭塞進去，然後活活餓死沒什麼兩樣。人生當然的確就是這樣，這不說了等於沒說，乾脆還是別說了吧！

想像一下，要是有人試著用這個句子幫你忙：

你：警察先生，有人闖進我家裡，把所有東西都偷走了。

警察：很不幸的是，我們通常抓不到這些人，你所有家當應該是找不回來了。你有保險嗎？

你：我沒有！這太糟了，你不覺得嗎？

警察：這個嘛，我只能說，這就是人生啊！

你：這什麼意思？

警察：我也不知道。但大家這麼說一定有些道理的吧？祝你有個美好的夜晚！

● 離它遠點！那不是你要走的路！爛番茄指數84％

這句話特別可笑，因為它假設你知道自己要往哪去；它假定人生是一條清楚明瞭的直路，連接了A點到B點，你只要照著走就沒事了。

既然如此，你又幹嘛要回頭呢？你的過去有任何值得學習的部分嗎？人人皆知，《糖果屋》故事裡，韓森和葛蕾特在改變方向時，留下麵包屑，可不是為了讓自己找到安全回家的路。顯然，他們也不是想餵飽那些森林動物，為牠們補充很少攝取的麩質。

這世界上有兩種人：第一種人只關切他們的過去，試著從錯誤中學習；第二種人則只能在森林裡被吃掉。你決定一下想當哪種人吧！

我想這已經顯而易見了，**所有的勵志小語都是狗屁**。不過，還有一句勵志、啟發小語，我非常想從地球上所有文件上清除掉，以免未來某一天，外星人來到在這個已荒蕪的星球上，撿拾僅剩的殘骸時看到它。這句話的殺傷力之大，據說外星人（他們可能很遺憾在降臨地球親自動手前，人類就已自我了結了）會在課堂上用它當證據，證明人類根本愚蠢到沒資格繼續活著。這句話是：**事出必有因**。

❖人生太操蛋，所以是？

我是不知道到底從什麼時候開始，可能起始自人生某個時刻，然後你發現身旁的人也開始說，沒多久幾乎每個人都對這句被重新包裝過的話琅琅上口，甚至選擇深信不疑。其實，它只是把「命運」這個詞更換個簡單說法。

這個無所不在的詞彙，到底是什麼意思？如果你讓說的人多思考幾分鐘，會發現他們幾乎都不確定自己在相信什麼，會說這句話的人，一定從沒停下來好好思考它代表的世界觀，以及會帶來什麼結果。

用這個思考模式當做一種處世的情感武器，簡直像在三明治裡夾進一支大榔頭，完全具毀滅性，你的本意是希望三明治加片酪梨，讓三明治變得比較可口，結果好啦，三明治不能吃了。

這句話和自由意志與個人選擇完全衝突，也和我們人生中熱愛的所有事物背道而馳。但每個人都習慣用這句話來為人生中不喜歡之處開脫，卻把它代表的細節看得微不足道、置之不理。

如果你是想表達對自己的人生如何無能為力，也無所謂，不過，我們大概也沒啥好聊了。再聊下去有什麼用呢？顯然發生在你身上的所有事都按照計畫，那就繼續下去吧。

但如果你要積極參與（更重要的是你想要開始）自己的人生，那麼我強烈建議，你非得把「事出必有因」這句狗屁扔出窗外。

至於怎麼開始、怎麼結束，我可是自有一套理論。但在提出結論前，我需要先給你一些很常見，而且真正有用的金句：

人生不公平。

壞事也會發生在好人身上。

唯二可以肯定的事，是死亡和稅。

和我同事史提夫印在馬克杯上的話相比，這三句無趣得令人吃驚。但如果你花點時間，好好思索到目前的人生，你會發現這三句話，毫無疑問是真的！

人生「金甘苦」，在這美麗星球上，我們為什麼只能活這麼一遭？這事可找不到合理解釋。墨西哥蓋飯為什麼會臭酸？為什麼酒醉的司機走錯路，毀了這一切？這些問題好像很簡單，但沒有答案、不可能會有答案。

要解釋人生為什麼不公平？為什麼好人身上也會發生壞事？為什麼人會死……嗯哼，根本是不可能的任務。尤其，要向一個剛發生難以想像的悲劇的人解釋這一切，簡直是開啟了地獄模式的難度。於是，我們乾脆就放棄尋找答案。

我想**人們之所以開始說「事出必有因」，正是因為這樣自欺，和假裝人生瘋**

狂的隨機性背後，有一套邏輯，顯然是容易得多了，可以幫他們度過各種艱難的時刻。但現實是很多事不見得有個道理。

【自找快樂4】

與其痛苦「追出原因」，不如問「能從中學到什麼？」

別當一隻活在地球上的消極旅鼠，等著看宇宙為我們準備了些什麼。

——埃蘭．葛爾

❖初級課(1)無因律，事情就是會發生，沒有理由

人們喜歡在壞事發生後，拉出「事出必有因」這句格言，但它無濟於事。

二〇一六年，一個小男孩和媽媽一起去辛辛那提動物園玩。媽媽在某個時刻發現兒子不見了。小男孩不知怎地逃過了媽媽的法眼，跑進大猩猩的籠子裡。籠子裡

關了一隻十七歲的大猩猩哈蘭貝。哈蘭貝抓住小男孩，慌亂地拖著他在籠子裡繞來繞去。接下來的事發經過，眾說紛紜。

有人認為哈蘭貝會殺死小男孩，也有人認為，牠只是在保護小男孩。籠子外聚集了許多人，有的在尖叫，有的拿出手機錄影，把恐懼的人類小孩和成年動物嚇得半死。

就在這時，動物園的管理人員開槍射殺了哈蘭貝。死去的哈蘭貝是辛辛那提動物園的一份子，受到許多人喜愛，同時也是大猩猩界的最佳代言人。至於活下來的男孩（實在沒有什麼值得大書特書之處，除了莫札特之外的小孩基本上都是如此），不出預料的話，應該會長成大人。

世界各國的群眾出現了「群情激憤」和「充滿憐憫」兩種反應。有些人為動物園重視人命勝過營利拍手叫好，也有人大罵家長，認為她的不負責讓孩子亂跑，害大猩猩沒命。不過到最後兩方人馬似乎都同意，孩子沒事是最好的結局。

❖厄運總發生在好時光，沒有理由

世界在慢慢地消化這件事，人們也開始看到這則頭條新聞背後可能的好處。許多人會說，這件事發生必有其原因。藉此事件，人們發現被關著的動物其實處在一個危險的境地，而這個看法讓那些懷念哈蘭貝的人獲得慰藉。

至於那些很開心孩子活下來的民眾則認為，這對安全措施鬆散的動物園不啻是記當頭棒喝。畢竟，動物園本來就該保護那些前來「欣賞」野生動物，一臉呆相邊吸著長頸鹿造型杯裡的百事可樂，邊發出滋滋作響聲的人類。

所以，這一切的原因為何？難不成是宇宙創造出這起小意外，好讓人們更懂得愛護動物？或是，宇宙讓這件事發生，動物園才會把籠子做得更安全一點？哪個原因才對？還是……操你他媽還是！或許這件事就是他媽的發生了。

也許人生就是這樣，小屁孩就是會四處亂晃；或許他跌進籠子裡不過是意外一場，畢竟意外時常發生，沒有什麼特殊理由。也或許哈蘭貝抓著男孩，是因為動物本來就喜歡抓著東西，沒為什麼；也可能牠被冷血射殺，是因為一堆沒道理的狗屁意外發生導致的結果。

取笑、奚落沒有生活可言（因為牠被關在動物園裡）的動物，和一個你不認識的小孩（而且最後其實也沒怎樣）是一件很容易的事，但最可笑的，莫過是認為這一切背後有某種偉大的宇宙神力，讓有些混蛋能用 iPhone 把這一切錄下來。

要是把相同的邏輯套用在我們在意的事物上，當你的菲爾叔叔開卡車時打瞌睡，一路把車開下橋一命嗚呼時，想必思考自己可以從生命的脆弱中學習到什麼，或許能讓你舒服得多，大概很快就忘記這是很蠢的一件事，是嗎。well，我可以肯定跟學到「活著」和「健康的身體」這兩者並非理所當然相比，相信菲爾叔叔的過世是宇宙要提醒我們人命很脆弱，會顯得更容易。

但你不能這麼隨便地選擇這些哲學，因為它們會滲入你的靈魂、改變你的面貌。如果你希望自己能選擇在哈蘭貝事件上做的解釋，你就需要在菲爾叔叔這件事上有個頭腦清醒的理論，但想想看，有人把自己人生中的災難和不幸視為你可以學習的一課，這多令人不屑。

難道別人的存在只為了讓你可以學習，你也只記得住幾天的一課？所以，搞不好菲爾叔叔就是死了（你強加的那些自私理由，只讓他的人生變成都是為了你），或許你可以單純地感到悲傷，因為一條人命沒了，一個你在意的人已經不在；即使你能從中學到一、兩件事，能幫助你理解發生的狀況，但這並不代表這些事情都是因為你而發生。兩者間的差別很小，但很重要。

❖好事誕生自絕望，未必是果

二十二歲那年，我媽被診斷出罹患癌症，只能再活六個月。我們聚在醫師辦公室裡，緊張地追問我媽是得了哪種癌症？他說，這是某種罕見的惡性骨肉瘤。很罕見、難以治療且擴散得很快、極為致命。

和醫師談話的過程中，我很努力地維持這股冷靜的「氣」，但內心卻他媽的碎成一片一片。媽媽是我的支柱，現在她不到半年就會死掉……我腦中飛快地跑進一百萬個念頭，但可以肯定地告訴各位，其中完全沒出現「事出必有因」這句。

如果我這麼想，那關於我媽即將面臨的死亡，將會被視為某種給我和兄弟姊妹學習的課程。但這一點道理都沒有，是吧？我媽花了一輩子時間，照顧三個可愛但不值得她辛苦的小孩，她即將痛苦地早逝，難道還會有說得過去的理由嗎？莫非我媽就活該短命，來不及看到我奮發圖強、過好日子的樣子？她都還來不及當阿嬤就要死了（我知道她一定會是超屌的阿嬤）！這有什麼合理的原因嗎？

如果這破壞了你的世界觀，那我很抱歉。但發生在我媽身上的事一點道理都沒有，至少，不是我們區區人類能想得到。我希望有個原因，但並沒有，就是運氣不好罷了。**現實就是如此，壞事會以相同頻率，發生在好人、壞人和無聊的人身上**（如果你心愛的人身上發生這些鳥事，我會說很遺憾，這真是糟透了、悲慘透了）。

有些人會說，如果我真誠相信「事出必有因」，那麼在我媽被診斷出罹癌和治療的過程中，或許我會好過一些。

沒錯，我可能會好過很多，但我應該要有的感覺，恰好和「感覺好一點」完全相反。我需要覺得悲慘、憤怒、害怕，最重要的是覺得絕望——不是感覺好一點而是絕望。

日子總要過，我們繼續去尋求其他醫生的建議，但結果並非更有希望。主治醫生建議施行會讓我媽變殘障的截肢手術，再配合其他一些治療計畫，即便如此，他認為我媽最多也只能再活一年，幸運的話。

我一點都沒有覺得比較好，我更絕望了。

不過，我媽運氣真的不錯，她得以加入一個臨床實驗小組，可以嘗試一種正好針對惡性骨肉瘤的新化療藥。但也不全然都是好消息。她人生中的未來一年都得花在跑醫院上面。月復一月的化療，將近十二次的放射線治療，等著她的是三次大範圍手術。那是她人生中最慘的一年。而且也沒人能掛保證她一定會好起來。

那一年我記得可清楚了。我常常得睡在醫院地板上，我哭很多也很常對抗悲傷的感受。我媽病得很重幾乎下不了床，有時連續一、兩週都無法靠一己之力站起來

（化療藥攻擊癌細胞，但也會攻擊健康的細胞，甚至包括她的大腦）。

一開始醫院會給她一些止吐藥，但那些藥卻導致我媽過敏，幾乎要了她的小命。好幾次，她都請求我和妹妹停下她的治療，讓她就這麼離開。

我要是她，一定也會做一樣的事——為了未知的結果被連續折磨好幾個月？是我早就放棄了，我清楚得很。但她沒有放棄，不為什麼，她就是決定要繼續嘗試，期待最好的結果。

現在，十一年後，她還活著而且還比以前更健康。這也沒有理由可以解釋。純粹就是因為她運氣好。我也只是運氣好。當然，她現在有事沒事就打電話和傳簡訊給我，真的滿煩人的。

所以我想，告訴各位這些並不是要破壞你們的心情。我只是試著想指出一點，**雖然想著「事出必有因」常能讓你覺得好過一些，然而它無濟於事。人們喜歡在壞事發生後拉出這句格言救援，但這句話會讓我們生活得很消極。**這句話應該換成更有用的另一句格言：「我能從中學到什麼？」

這句話很主動，很令人興奮。活著不就該是這樣嗎？學習、改變，是日常生活的一部分，「事出必有因」說的是這個世界怎麼影響你，而「我能從中學到什麼」，說的是你怎麼影響你自己。

從現在開始，我們就要用這個態度面對所有事情。別當一隻活在地球上的消極旅鼠，等著看宇宙為我們準備了些什麼。讓我告訴你，宇宙根本不管你的死活，不過，只要你勇敢走出去，面對困難，你就能成為替自己完成夢想的那些人之一。

老實說，競爭者可沒你想得多，很多人還在等著宇宙替他們實現夢想。你沒有什麼了不起的，好消息是其他人也是。

痛苦這檔事

「有人說，痛苦是人類經驗中最共通的一件事。」

你可能沒有預期過會從金球獎得主、《瘋狂前女友》共同製作人瑞秋・布魯（Rachel Bloom）口中，聽到這句話。瑞秋是我認識最有趣的一個人，她製作的節目，讓電視臺重新思考他們還可以製作什麼電視劇？

但，喜劇很少發生於好時光。

「大概是我大二那段時間。」瑞秋說：「那時我十九歲，無意間，和大學話劇社裡的兩個男生陷入一場三角戀。他們要負一半的責任，我也難辭其咎。我本來應該是這個話劇社的導演，但當東窗事發，其中一個男孩就不讓我當導演了，至於另一個傢伙（還有社團裡的其他人）也支持這個決定。突然之間，話劇對我來說再也沒這麼純粹了。」

不過，她對這件事的負面感受卻成為一股動力。

「我要證明他們都錯了，我要證明他們看錯我了。我不要讓他們稱心如意。我很火大，幻想著復仇。我打算這麼做，但也想，去他們的！」

不幸的是，事情總是沒這麼順利。

「當我拿到第一個編劇工作後，發現其中一個男生也是團隊一員。我是劇組裡唯一的女生、年紀也最小，雖然前男友並沒有對我不好，但其他人對我的態度確實不佳，之前所有男生聯手排擠我的感受，又回來了。每天回家後我都會嚎啕大哭。」

然而，瑞秋說，這是鍛鍊她成為一名很出色的喜劇作家的時刻。當時瑞秋習慣告訴自己「事出必有因」，但後來她更聰明了，心態也開始改變。

「那段時間我寫出來的劇本都充滿情緒，可悲的、被剝奪的感受；無能為力、被排擠的情緒，藉著憤怒，我發現到自己的脆弱——fuck！操你們的！就算一邊哭，我還是操你們的！」

光是覺得脆弱還不足以讓瑞秋成功。她還充分利用這些感受。

「當我不再認為某種神祕的能量在看顧我時，事情就不再絕對了。根本沒有命運這檔事，命運操之在我。」瑞秋解釋：「要掌握命運，就得承認自己的缺點。」

「事出必有因」這句話是個溫暖的靠墊，因為要為自己的行為負責，承認自己是白痴，承認自己把事情搞砸了，是很嚇人的一件事。認真面對這些錯誤，比光說「事出必有因」困難多了。

【自找快樂5】

跟不安全感說「謝謝」，因為它給你動力去做……

人生四十二年，推動我向前的引擎是憎惡自己，競爭、憤怒、孤單、渴望被聽見和理解的心情……現在，我強迫自己不要把精力花在這些事上，因為我覺得它們快殺死我了！這就像鐵磨鐵，把所有的快樂都擠出去了……

但，我不確定要是沒有這些東西，自己能否有動力舉辦巡迴演唱會，全國跑透透……獨自一人，就這樣持續了十五年。

——麥特．納森（Matt Nathanson，歌手兼作曲家）

❖初級課(2)越害怕失敗，越接近理想標的

聽過伊卡洛斯（Icarus）❼的故事嗎？我姑且簡短地說一下這個故事的大意：在每件事都「很希臘」的很久很久以前，有個叫伊卡洛斯的人，他是某個知名希臘工匠的兒子。因為某些不幸的原因，他被關在個很爛的地方。

伊卡洛斯其實跟你我很像，被一份爛工作、一間爛公寓、一座爛城市或一段爛關係困住。以伊卡洛斯的情況來說，他被困在克里特島上，待在老爸造出來的迷宮裡。這點和你我沒什麼不同，因為我們到現在，都還在為小時候爸媽捅的簍子收拾善後。

伊卡洛斯的老爸給了他蠟和一對翅膀，叫他拍動翅膀飛離迷宮。當然啦，這不是什麼太完美的計畫，但至少值得一試。在他升空前，老爸要他別飛太低（但伊卡洛斯只是翻了個白眼，擺出一副『喔對齁，說得還真有道理啊，老爸』的態度），但也警告他別飛得太靠近太陽，因為陽光會讓蠟融化，毀了這對翅膀。

這是個超級重要的提醒。現在做爸爸的人，幾乎都不再給孩子這樣的建議了。所以呢——伊卡洛斯開始拍動翅膀，拍啊拍啊，突然間，他飛離了地面，飛離了迷宮，眼前就是自由了！但就在這時，他犯下一個致命的錯誤：他自滿了起來。很多人說這叫做「傲慢」，或者你也可以說是自大、目中無人，隨便你喜歡怎麼說都行。

重點是，伊卡洛斯忘了人生是現實的。他也忘了所有關於物理、熱能、蠟和安全的事，他只覺得自己超酷，像第一次借到叔叔跑車的十六歲青少年，這個開著古董大黃蜂（Camaro）的新手駕駛，自我感覺太過良好，以至於忘了要小心謹慎。

過沒多久，伊卡洛斯的蠟翅膀開始融化。他還是繼續揮舞手臂，但他的自大讓

---

❼ 伊卡洛斯（古希臘語：Ἴκαρος。拉丁語：Íkaros。）是希臘神話中代達羅斯的兒子，與代達羅斯使用蠟造的翼逃離克里特島時，因飛得太高，雙翼遭太陽溶化跌落水中喪生，被埋葬在一個海島上，為了紀念伊卡洛斯，埋葬伊卡洛斯的海島命名為伊卡利亞島。

他看不清現實，過了一會兒，他就跌落海裡溺斃了。

如果伊卡洛斯保持警戒，留意自己的限制，那他搞不好可以活下來，甚至變得和他自我設想的一樣成功。他有可能變得和其他希臘神話主角，比如宙斯和阿基里斯一樣酷。但沒有，他像個小智障一樣溺死在水中，大家也只記得他是某個自作聰明的小混蛋。

所以千萬別跟他一樣！ok，這一章是關於接納、認識自己的限制。當別人告訴你不能飛得太靠近太陽時，可一點都不有趣，但或許，這是讓你那自以為了不起的臭屁股活下來的唯一方法。

❖ 我就是不喜歡，沒什麼不可以

好啦！各位，現在是說實話的時候。這就像在做大腸鏡檢查一樣，一開始會有點不適，卻是很重要的一件事，搞不好還能救你一命。所以，如果你一邊讀，一邊覺得屁股痛痛的，那就表示一切順利！

假如你是個一般人，那麼你可能會覺得蠻喜歡自己的。不只這樣，你或許也深信「喜歡自己」是件很重要的事。「喜歡自己」是自信之源，而且這等於告訴周遭的人，你很值得喜歡，對吧？

大錯特錯！喜歡自己是海洋航空公司❽的那張單程機票，搭上他們家的飛機，最後你會落得人間蒸發，成為寬闊藍色大海一員。

不過我還是有個好消息給你。即便你人生中聽了太多那些有關正面積極的話，心裡仍舊會存在一個細小、聰明的聲音，讓你知道其實你真的沒有這麼喜歡自己。我是說，你人不錯啦，還稱不上是個完全的垃圾人，但真的沒那麼了不起。

SO，在我們進一步說下去前，我要派給你一個小功課：閉上眼，想像出一個完

---

❽海洋航空（英語：Oceanic Airlines）是一家虛構的航空公司，在許多電視影集和電影中使用。與真實世界的「Trans-Oceanic Airways」和「Ocean Airlines」並無關連。

美人類（不是要你想像充氣娃娃哦，比較像熊熊❾工作室那種路線）。比方說，各種你想成為的樣子，從頭到腳。沒有標準答案，你也不需要告訴任何人。只要對自己誠實，然後把答案寫下來。

我希望你可以拿出一張紙，回答下列問題：

- 我想成為的這個人長什麼樣子？多高？多重？眼珠、頭髮各是什麼顏色？身材如何？這個人住哪？他的家看起來是什麼樣子？他靠什麼工作賺錢？他們空閒時會做些什麼事？
- 我想成為的這個人年薪多少？他每年花多少時間在別人身上？他一年會捐多少錢給慈善機構？具體來說，他對社會有什麼貢獻？
- 他怎麼讓這世界變得更好？他的好朋友會怎麼形容他？陌生人又會怎麼形容他？他的墓碑上會寫什麼內容？他會留下什麼東西給後代的人呢？

好了，我知道每個人對「了不起」的定義並不相同。咱們來看看你寫了什麼？假如你對自己完全誠實，那麼，以上大概就是你本身對「了不起」的定義。你的答案和上面的描述相差多少？你所描述的生活又和你現在的生活有多相似？我猜，你的答案是：**差得有點遠**。

我真替你感到驕傲，因為你為自己設下一個不可能的目標。你怎麼可能符合這個完美的標準？你以為你是誰？某個希臘天神嗎？你當然不是。但，你不應該因為自己不夠完美而沮喪，你應該要覺得自己很正常，因為沒有人這麼了不起。

好吧，可能除了比爾和梅琳達．蓋茲夫婦。但你不是創辦微軟的宅男，和他愛做善事的老婆，你只是個凡人，那也無妨——深呼吸！沒什麼大不了的。你沒有這麼了不起，就跟其他人一樣。

---

❾ 美國玩偶品牌靠「客製體驗」熱銷破億隻！

❖擺脫自我保護的蟲蛹

看吧，問題就出在你對自己太好了。你對完美的標準挺高，但不知為何卻對自己的標準可低得多了。這麼做，是因為你在保護自己。**你不喜歡罪惡感，因為其他人告訴你有罪惡感對自己不好，所以你就養成了這一套防禦機制。你沒有常常挑戰自己成為更好的人，而是對「我沒這麼好」這件事感到頗舒適。**

現在，該是我來打你臉的時候了。Take easy，我不是要讓你沮喪兮兮，被噴得滿臉豆花、不成人形，告訴你這一些，是因為你真的可以變得更好，或許還是沒辦法到了不起的程度（你最好也不要這麼期待），但你一定可以更進步。

不過，首先你需要面對自己沒什麼了不起的現實（至少，現在還不是）。毛毛蟲不會坐在烏漆麻黑的房間裡，身邊堆著空冰淇淋盒子，只因為牠很沮喪自己還不是蝴蝶。但牠也不會滿足於繼續當一隻毛毛蟲。牠會花一輩子（沒錯，一輩子），試著擺脫毛毛蟲的樣子。

毛毛蟲是暴吃機器，牠知道，更好的自己就在不遠處。牠大可以一輩子吃樹葉，偶爾打牙祭把朋友吃了（沒錯，毛毛蟲也吃肉，跟你我一樣）或是用醒著的每一分每一秒，試著讓自己成為更美麗、高雅、壯觀的帝王斑蝶，到時候，牠就可以上上下下滑翔高飛，絕對不會一動也不動地乖乖讓人類拍照。

這才是人生！所以，不要因為自己是幼蟲而悲傷。你本來就該是幼蟲，只有全然接受自己的幼蟲型態，你才能一屁股把自己踢進蛹裡，成為一個更好版本的自己。

對了，毛毛蟲從出生到死，大概只有一個月的時間把事情搞定，而你有幾十年的時間，所以你最好現在就振作起來，然後為還沒有人把你吃掉，好好感激涕零一番（喔，對了，你真的想成為蝴蝶。

但坦白說，你還是有可能變成蛾，永遠靠啃某人噁心的毛衣過活）……如果，你沒辦法蛻變成蝴蝶，那至少會變成一隻超噁心、令人憎惡且沒人愛的蛾，但不要有壓力唷！

但我沒那麼糟，是吧？

我不是要突兀地跳到下一個比喻。不過試著想像一下：你現在人在一條船上，突然間船艙上開始進水，你會怎麼辦？你是會悠哉地走遍整艘船，尋找沒在漏水的零件？還是你會心急如焚，四處查看，趕緊找出漏水的地方修好它？

沒人會在乎船身還是有八成部分浮在水面以上，因為水還是繼續湧入，很快就會只剩七成，然後六成。接著就會像是某部長達快要四個小時的電影一樣，船就要翻覆。（明明男女主角落水後攀附著的木板還有足夠空間，李奧納多·狄卡皮歐飾演的男主角卻仍是死了）

猜到了嗎？你就是那艘船。

好，深呼一口氣，別再為了那些你沒發生的毛病自我慶幸，開始尋找你身上的漏洞，堵上它。（這裡並沒有任何性意涵，不過我初稿寫下這句話的時候，看起來有那意思，害我哈哈大笑，我可沒有要為此道歉。）

試著對自己誠實，往內心挖掘深一點，因為你只能修復好你發現的問題。

再閉上眼，回答一個小問題：**你不喜歡自己的哪些地方？**

ok，讓我先以身作則，而且我會很坦白。首先以及最重要的是有些事我真的愛莫能助。我穿鞋時的身高是一百七十三公分，我的新陳代謝超慢，所以不管多努力，我還是慢慢變胖。矮或胖都不是錯，但我就是不喜歡自己又矮又胖。

我的身體也很煩。它會在所有錯誤的地方，比如說像腋下、腰部累積脂肪，所以，我的褲頭上，就攤了一坨軟趴趴的游泳圈，就連穿內衣的時候都超明顯。還有，我的牙齒看起來跟山頂洞人沒什麼兩樣。

我的咬合有問題，使得我看起來像進化過程倒退兩階的人類，但和猿人不同，連一點照顧自己的能力都沒有。我做不到用打火機、一團報紙生火，更別說用什麼兩顆石頭跟樹枝了。

我真的很不喜歡自己的長相。但對於這一切，我能做的卻相當有限。我只能選擇和喜歡我長相的人當朋友，也因為我很沒有安全感，所以我總是懷疑他們判斷力是不是有問題。還好，不是每個人都跟我一樣膚淺。

這些就是我無法改變的事，至少沒辦法真的改變。

我很容易分心，而且很常被嚇到，不管是恐怖電影或雲霄飛車。我超需要刷存在感，當我想到什麼事情，如果不讓我說出來我就會爆炸。我周遭的朋友他媽的總是得承受我的一堆垃圾話。

我在感情中做過很多糟糕的決定，對我和我身邊的人造成很負面的影響。

❖撕掉標籤包袱，學著愛自己

Well，我也不是真的做了什麼愚蠢透頂，比如偷吃之類的事。但我待在兩人世界裡太久了，有時候，明知對方並不開心但卻還是死抓著不放、因為太害怕被丟下了，導致明知這段關係必然會走到盡頭，仍然按兵不動。

我也常美化戀情，讓對方變得比任何事都還重要，然而，戀情就像人生中的其他事一樣，都會改變、進化。我曾經站在屋頂上，考慮要自殺（我常常想自殺，因此做了很多心理諮商）。會有想自殺的念頭並不奇怪，但我的原因實在很囧，它都和恐懼、自憐有關，而不是因為我很痛苦或絕望。

缺點好像很多齁？還有更多咧！我超級情緒化，雖然我很開心自己不是槁木死灰，但我的確過度敏感。我記得別人對我說過的難聽話。你有過這種經驗嗎？回想起自己高中時，對別人說過有點惡劣的話，然後想辦法在臉書上找到對方，跟他道歉，但對方卻說：「嘿！謝謝你主動找我，但老實說我根本不記得了，我只記得有一次你在餐廳吃 Go-Gurt 糖被噎到，結果吐了滿地。」

不過，要是你道歉的對象是我，我就會說：「沒錯，我記得。我記得可清楚了。那句話殺傷力超大，甚至還毀了我最棒的一段戀情。我前女友說了某些話，觸發了我心裡某種感受，於是我走出那間我們同居了三年的公寓，然後打電話給她提分手。全是因為我羞於面對你在高三那年，說我的臉很噁心，導致我十年後，才令人傻眼的精神崩潰的事實。」

所以，嗯哼，我是有點過度敏感。還有別的嗎？喔，對了，我有提過我很沒安全感嗎？我有說，因為我覺得自己一點都不好看、不強壯也不迷人，所以花了一輩子，試著成為身邊的人覺得迷人的樣子嗎？我也試著大量閱讀，好讓自己聽起來比實際上聰明。

我試著培養幽默感，能引人發笑，好讓他們覺得跟我在一起很有趣。還有，我覺得大部分見過我的人，都會說又聰明又好玩（如果他們說我很帥，那你可別相信他們說的任何話，因為我的頭，看起來像是被狒狒上過的一顆鳳梨），但每天我都擔心受怕地過日子，等著別人發現我根本沒這麼聰明，也沒那麼好笑。

我是說，我並不是無聊的蠢貨，但我一天到晚都會認識我覺得比我更有趣、更聰明、更迷人的人。我想到喜歡和我一起打混的那些人，很好奇他們是否也知道這個秘密：這世上有比我更好更有趣的人，我確定我的朋友之所以願意跟我在一起，是因為他們還沒偶然遇上這些人。對我來說，這是唯一合理的解釋。

我沒安全感又膚淺，怕東怕西又肥又醜。有時候我對人並不友善，他們不應該獲得這種待遇。我對家人不怎麼有耐性（雖然大部分是他們活該）。我就是個不怎麼樣的傢伙。

我和每個人都一樣。我不需要覺得害怕，不需要覺得難堪。事實上，能夠認清這些現實，並且不羞於大聲說出來，或許就是我最棒的一個特質。

我有備而來，準備充足。看看你自己的清單，我希望跟我一樣五花八門、問題多多。

你得知道，每一次做決定時，你都帶著這些包袱一起。或許你可以同時應付一些想法，但無時無刻，你的大腦都對在你做的每個決定吐出幾百萬個可能結果。這些畫面朝你扔過來、砸在你臉上，拖著你從出生以來累積的所有包袱。你對這一切無能為力，除非……

除非你知道這些包袱是什麼，那麼你就可以把它們列入考慮。你的餘生，取決於現在開始所做的每一個決定。

所以你得學著認識自己。面對自己，並且學著愛自己（不是因為你很完美，而是因為你不完美），靠近和擁抱自己。

你心裡已經擁有一切可以幫助你變得更好的東西了。你不需要去買小冊子或活性炭檸檬洗潔劑。你不需要用瑜伽棒和來個針灸全套。你的不安全感好好地和你待在一起，它們能讓你更強壯。

❖不安全感，證明你活著

不知道為何大家都告訴你不安全感是壞東西。環顧四周看一看，有誰看起來像是不缺不安全感的嗎？剛好相反，我很快地證明給你看。找個看起來不像缺乏安全感的人，找個從不覺得自己有錯也從不會道歉的人，找個覺得自己很完美的人，讓我告訴你，你找到的人看起來會是什麼樣子：**一個完全欠扁的混蛋**。這個人，完全不認為自己有需要改進之處。

如果你從不覺得抱歉，就永遠學不會如何不犯錯；如果你從不犯錯，你就沒有學習把事情做對的理由。這個世界每分每秒都在變化，地球上有七十億人，每天有成千上萬人出生、死去。如果你以為自己很懂「活著」這件事，那你肯定是個百分之百的自戀狂，有心理疾病的垃圾，如果你是男的，你的弟弟肯定也小不拉嘰。哼！沒有為什麼。

所以，不要因為不安全感而愁眉苦臉。深入內心一點，把裡面的東西都扯出來，放在你旁邊的沙發上，好好看著它們，跟它們說「謝謝」。就是這些東西會給予你能力，讓你可以過自己想要的生活（總之差不多啦）。如果你還沒清空，繼續下去。

這就像麩質過敏一樣，這些讓你覺得不安的因素可能是你成年後第一次出現，而你每天的工作就是找出它們、揭穿它們，然後從中受益。

你就是你的不安全感。如果這讓你不開心，好吧、很好，因為沒人管你到底開不開心。

悲傷這檔事

過去十五年來，強・朗森（Jon Ronson）是暢銷書作者，同時也是成功的製片人（當然，他活躍的時間比十五年長許多）。但如果你問他下一步要做什麼，他會告訴你還不確定。

朗森說：「我想總是有推著我前進的事情。但我只是不太確定是什麼事而已。」如果你是年輕的編劇，我認為這種思維模式並不是輸家專門。對未來抱持疑惑，是永遠會存在的。

「快樂」和「確定性」並非成為作家的關鍵條件。如果你問朗森，他會回答：「我想成為作家，是因為自己根本是一團亂，是想填補心理上的洞。這一切都是焦慮在尖叫的結果。每天早上醒來，都是焦慮驅使我做到最好，驅策我寫作。」

「假設一切都是源自於焦慮那還有什麼好選的？你之所以選擇這條路，是因為其他條路更糟。每天結束時，我跌跌撞撞走出辦公室，覺得腦子像被砂紙磨過一樣。身體上的疼痛就算了，但失敗在那邊鬼叫更糟。」朗森說：「如果很簡單，那就不會是好的劇本了。就是應該這麼困難、這麼痛苦。也就是因為這麼痛苦，才代表你適合當作家，你需要既相信自己，又痛恨自己。就算你成功了一輩子，還是會覺得自己失敗透頂。這種想法一點都不理性。」

那幹嘛還繼續下去呢？

「這不是由於我品格高尚，而是因為焦慮。我就是這樣讓那些尖叫聲閉嘴。」

瓊恩·朗森之所以是個英雄，不是因為他輕鬆寫意地完成事情，而是因為他去做連自己也認為不可能做到的事。

PART

2

即使不完美，也值得給自己一個讚美！

每當你覺得焦慮，記得提醒自己，人生是場毫無意義的遊戲，你做的事情根本無關緊要。

——艾薩克·馬里昂（Isaac Marion，作家）

【自找快樂6】

與其悔恨到老，不如遇到挫折時說「我很好」

我們的人生終點站都一樣。
既然如此，在被埋進土裡前，別那麼安於待在地上，
試著用石頭丟丟看空中的飛鳥吧。

——埃蘭・葛爾

❖初級課⑶折返點，承認失敗不等於認輸

如果你問別人想要什麼，大部分人會說自己不在意成功與否，很少想到賺錢

這檔事；他們會說名聲、財富、美好的生活一點都不重要，自己只在乎「過得開心」。假如你再問這些人「開心」是什麼意思，他們通常會講得很簡單、很容易做到的樣子。

不信，試試看，你會得到一個對他們不重要的答案。

❖嗨，朋友，你希望擁有什麼樣子的人生？

A：我想要什麼？噢——我想要得不多，只要有人愛我。這個人不一定要很有錢、很美、很成功、很受歡迎，我是說，我頭腦很清醒，我不需要最完美的對象，只需要一個溫柔，會用充滿愛意和欣賞的眼神看我的人。

Q：等等！所以你是說，你不需要一個很棒的人？

A：噢——沒有啊，當然要是很棒的人。但不至於很出色或某某領域的佼佼者，那種自信爆棚的人不必了，只要愛我就好。

Q：你不覺得這樣標準有點低嗎？我是說，你的狗也愛你啊……

A：我這樣是實際好嗎？我們不可能佔盡所有好事，對吧？

Q：好吧，這當然是他媽的不可能，尤其如果你的態度這麼差……不然，更實際的條件咧？你不想要一棟好房嗎？

A：噢！我當然想啦！但不必太高級，我不喜歡那些高級的東西。不用很奢華或很大，就簡簡單單一個家就好了。

Q：這根本不合理！你這個要求在地球上隨便都可以辦到，怎麼能代表你想要的人生？

A：有些人喜歡花俏的東西，像是小橋流水、溫暖的毛巾，但我不是這種人。我只想要一個可愛的門廊，有張搖椅和餵鳥器，這樣春天時，吱吱叫的藍松鴉就可以過來唱歌給我聽。

Q：你可以搬去他媽的森林裡住——現在就去，還不用錢咧！去森林隱居，自己用樹枝、樹葉做一張搖椅，你還不需要找工作哩！你到底有沒有夢想中的工作啊？

A：當然有啦！我想要一份穩定、可靠的工作。我才不是那種想有個「挑戰智慧」、「刺激創意」的工作的怪咖，你懂吧？那都是狗屁啦！我只需要一份朝九晚五的工作，可以準時付清帳單，一年可以放兩週的假，讓我好好練習高爾夫球揮桿就好了。

Q：你現在的工作不就是這樣了嗎？

A：呃——哈哈哈！我想是吧！那我猜我已經擁有我想要的一切了，哈哈哈哈哈哈哈哈！我根本就不用再努力了嘛！我人生已經很充實了，哈哈哈哈哈哈哈！欸！你怎麼說我看起來很像瘋子，是因為我笑得很歇斯底里？而且絕對沒有在生氣或在為自己辯解嗎？哈哈哈哈！

瞧，**如果你問某個人想要什麼，基本上，他絕對當著你的面謊稱自己渴望追求平庸**（如果他不是在說謊，就表示他真的笨到沒藥救，老實說，我還真不知道哪種情況比較糟）。好吧！在你開始覺得自己很了不起，認為我瞧不起這些單純小事前，先聲明我可沒有這種想法。

一個愛你的人和一個可以稱為家的地方、一份穩定的工作，有什麼好瞧不起的。我們可是很幸運才能擁有這一切！這些事都很棒也很重要，如果你運氣夠好，再加上努力奮鬥，也能美夢成真，但是儘管我們應該欣然接受這些事並心存感恩，但在你想像未來生活時，或許這並非是你夢想中的事物。

不過，你為什麼不能魚與熊掌兼得？為什麼不能擁有最簡單的小事，同時又擁有其他一切（或至少給自己一個擁有的機會）呢？

當然啦，我舉的例子有點偏向名與利，但這是為了讓這個例子更容易消化。每個人都有自己的慾望和理想。即使大部分的人大概都不特別渴求名與利，而我們生活的環境和覺得重要的東西可能截然不同，不過，在每個人的小小世界裡，一定都有他們想要、努力追求的事物。

每個人都有自己的願望，知道它們看起來該是如何。我的意思是，去追尋那些對你來說最具有意義，同時也是最難獲得的東西吧。

現在請你往後退一步，想想自己想要什麼？而不是自己可以得到什麼？

我們被訓練成不要想、不要承認，他媽的當然也絕對不要追求真正想要的事物。這麼做，你最後不但一事無成而且充滿悔恨，對嗎？

❖平凡或是精彩，你決定人生怎麼過，但是……

人人都想擁有最棒的人生伴侶、最漂亮的家；人人都想擁有最充實、最有創意的工作，充滿挑戰，就算一週工作四十小時也充滿生氣、充實無比。但大家都害怕說出來，因為覺得自己根本沒有機會擁有那些。

會這麼想或許是對的。舉個例子：把石頭丟到地上，至少發出喀噹一聲，總好過希望用石頭砸中一隻飛得很快的鳥，是吧？但仔細想想，不論你拿石頭丟飛過的鳥或往地上丟，石頭總是會停在某個地方。不同的只是過程。

不要因為這個比喻而太過沮喪，但記得花點時間提醒你自己，很可能明天、也許六十年後，你猝不及防就掛了，不管怎麼發生的，就客觀來說在不久的將來，你一定有兩腳一蹬歸西的一天。你的醫師、郵差、今天早上幫你做那杯摩卡巧克力拿鐵，多放了點焦糖、奶油多一點的的傢伙，都會有這麼一天，差別僅在要嘛火化，要嘛收進骨灰罈，或掃進某個窄小的盒子裡，埋在土裡。

我們的人生終點站都一樣。既然如此，在被埋進土裡前，別這麼安於待在地上呀，何不試試看用石頭丟看看空中的飛鳥呢？

ok，我不得不告訴你個壞消息，首先你和你周圍的人不只是被訓練得慣於接受平庸，還很努力地這麼做。你被強迫灌食「簡單比較好」、「平淡好棒棒」、「輸就是贏」這些觀念。你不停朝錯誤的目標前進，浪費許多珍貴的時間，試著洗腦自己去追這些「你想要」的東西。老實說，你真是可憐哪，小白痴。

事實是，你不想要一個還不錯、平淡的人生。你想要「棒得不得了」、「像坐雲霄飛車不會停下」的人生，你追逐充滿冒險、恐懼、快樂，愛恨交織、起起落落的生活，你希望得到所有想要的東西。這才是你夢想中的人生。

假如你努力試過卻失敗，頂多也就是像其他人一樣過個平庸的人生，你用一種不虛度此生的態度過活，最糟糕，也不過就是生命中擁有的，都是別人假裝想要的東西而已。

但大部分的人都不能面對這個事實。他們的腦袋被污染得太嚴重了，意志力也如此不堪一擊，讓他們出於本能抗拒想變得更好這種想法。假如你現在正試圖為「我只想擁有美好、正常、但啥都沒有的人生」這個想法辯護，那你可以把這本書放下了。你一定可以心想事成，因為你害怕的情緒恐怖分子贏了。

等你躺在床上快一命嗚呼，後悔自己沒有做過任何值得回憶的事時，再回來找我吧！算了，還是免了吧，我太忙了，沒時間聽你在那邊哭哭啼啼、無病呻吟。

❖愚者快樂，追逐你真正想要的

好啦！聊完這些得言之在前的壞消息，接下來讓我向你說個好消息。人類之所以這麼害怕追求值得追尋的事物，是因為人生中大部分值得追求的事物，都非常、非常、非常難以獲得。譬如：你喜歡的女孩、中意的男孩和理想中的工作；你想要的那輛車、想住的那間房子以及想擁有的人生……它們可沒那麼容易得到。

這些都是萬中選一的夢想清單，你終究可能還是得不到它們，我得承認或許大多數人都得不到，只有夠渴望、夠努力爭取的極少部分幸運兒，才有機會打敗命運，獲得他們渴望的事物，成為理想中的那個人。

這對你來說是不是比較像壞消息？噢！它不是壞消息。我告訴你為什麼？因為幾乎你遇到的每個人，都還在瘋狂尖叫著朝平庸前進。一大群被嚇破膽的白痴們擠在中間，也就是說，最上面的地方還很空呢！

有些瞄準平庸的人，偶爾還會不小心跌進成功的這區，就是這麼空哦！想像一下，要是他們願意稍稍試一下；想像一下你稍微試試；想像你真的去追求你真正想要的事物。

不過我得警告你，追求自己想要的事物有個小小副作用：如果你決定要追求**「快樂」**，那你大概會失望。

在開始談到要怎麼試著「開心」以前，我們先花點時間談談這件事有多蠢。我是說，真的啦，我們怎麼會瘋得這麼徹底，容許自己把「快樂」視為人生終極的目標？真是個瘋狂又不可能達到的目標。這麼做，真是完全、不客氣地不把人生當一回事耶！

快樂是一種情緒，就這樣，它是身為人類的我們會感受到的各種情緒之一。但不知怎地，某個人說服了所有人，說它是唯一一個重要的情緒。不知為何，人人都深信唯一能令我們開心的只有快樂，其他的情緒只會讓我們分心。

但老實說，**情緒只是我們對人生中發生的事的反應，幫助腦袋明白發生了什麼事。有些情緒很令人舒服，有些則不是，但它們都是你用來理解這個世界的方式。**

情緒的設計，是幫助你搞清楚人生怎麼過，讓你重複那些能帶來轉變和建設性的行為、避免那些會讓你覺得不開心、不滿足的行為。

❖情緒附加於行為之上，所以……

你生而為人的責任，就是去行動（因為這組成了你在這他媽的星球上極為有限的時間），和讓自己感受這些行為自然而然帶來的感受。

這一切開始於你很小很小的時候。當你還小時，就只是個蠢蛋。但你還是有能力可以行動，而這些行動會帶來感受，感受又進一步幫助你學習、前進。

想想看，你第一次被逮到說謊的情景。人之所以說謊，要不就是為了幫自己解套，不然就是想逃避立即而來的壓力，但因為你還小（所以很白痴），所以你會被逮到，惹上麻煩，然後你就會產生一或兩個新的情緒：可能是害怕或者覺得丟臉、有罪惡感，也可能是完全不一樣的情緒，也可能綜合了上面提到的這些情緒。

這些情緒會影響你接下來的行動。下一次在你說謊以前，你可能會重新評估一下這個決定。你不會單單只評估說謊這件事，而是會先問問自己（甚至可能毫未察覺）：「說謊獲得的立即解放感，和萬一謊言被拆穿感受到的丟臉、罪惡感或恐懼相比，是一樣好、更好或更差呢？」當你學會在行為上附加情緒時，說謊就變得更困難。

這也是我們學習道德的方法之一，也是藉著被動地感受行動時，心裡會湧起的感受，學習怎麼當個人。這就是你一路學習、成長、變得沒這麼垃圾的方法。容許自己感受情緒完整的重量和行為的嚴重性，才能造就出你這個人。

但管它去死咧，對吧？我們決定繼續假裝自己他媽的一直好快樂，只要把注意力放在這一個情緒上就好囉！

單一情緒不構成人類。不論你認為人類是被創造、精美設計出來，或是一團怪模怪樣、意外產生的肉團，毫無疑問，我們還是有能力，甚或有責任去感受這多得難以想像的各種情緒。快樂、悲傷、歡樂、恐懼、生氣、暴怒、幸福、悲痛、興奮、悔恨、焦慮、情慾、緊張、慾望，都是人性經驗的一部分，而它們存在也是有特別的理由。

暴怒讓我們可以為了保護自己或所愛的人而主動出擊；悔恨讓我們審思做錯或做不好之處，並期待從這些決定中學習；恐懼讓我們能評估周遭的危險，採取行動確保生存；慾望讓我們不致自滿可以追求更好的人生；情慾讓我們可以上別人。

不過，顯然這些都是我們應該棄之不顧的負面情緒，我們應該坐著，感受那些好情緒，帶著微笑，彷彿才剛從拔智齒的麻醉中清醒過來。

❖聰明人適用的傻瓜清單

人們把「快樂」當成目標，因為他們害怕人生真正的面貌。但只想要快樂的人，最後根本就不會覺得快樂，因為他們不允許自己去感受其他情緒。所以，下次你遇到某個快樂的人，請他解釋清楚一下到底有什麼問題，或許之後他才會出現真正的情緒。

現在我們知道，你說你想要的那些東西不但平庸而且不可能得到，所以現在該是調整焦點，思考該如何朝建造值得一活的人生的方向了。先踏出微小一步的時候到了，別只是花六十年時間在地上浪費氧氣，用吃剩的微波食品包裝和過期未用的保險套，增加地球的垃圾量。

到目前為止，你已經浪費很多人生，所以簡單化這項任務很重要。我們先把世界上所有事物分成兩類：**膚淺的事和了不起的事。膚淺的事是用錢買得到的東西，而了不起的事算在那一欄，是用錢也買不到的。**然後，我們開始：

●膚淺的事

在這張清單中，列出所有你想獲得而且有形的事，試試看，把它們誠實地寫下來。要是有些東西光寫下來就很可怕，你又很不好意思承認自己想要，這就對了！讓我示範給你看：

1. 蓋在某個山坡地上，又大又漂亮的房子，用大理石和玻璃當建材。
2. 一週七天每天都開不一樣的車。
3. 昂貴的手錶。
4. 一堆 iPhone（摔裂一部我也不覺得怎樣，丟了也不心疼）。
5. 鍍金的可卡獵犬。
6. 專門用來存放培根的一個冰箱。
7. 一座用香檳當水的滑水道。
8. 一雙和其他鞋子看起來一模一樣，但卻要價三千美元的鞋。

不是那種具有人生意義的概念，比如說愛啦、喜悅啦或任何類似的狗屁垃圾。你要在這張清單中列出所有你想擁有的物質產品——車子、房子、鑽石、世界上最大的充氣長頸鹿、一整池身上塗滿芝麻油的肌肉猛男，隨便什麼都好。

●了不起的事

接下來，你要列出你想要但無形的東西。盡情做夢！

1. 一份不像工作的工作：讓你每天迫不及待起床，衝向大門的工作。它讓你獲得滿滿的成就感。
2. 知道自己在世界中的位置：接納自己許多美好的特質，最重要的是能理解自己的缺陷。
3. 一個有如天仙的愛人或伴侶。
4. 擁有如荷爾蒙黑豹般的性慾。

你想要某人愛上你嗎？搞不好這只是前菜？或許你希望某人愛你愛得要死，一想到失去你就快不能呼吸？你想要一個很棒很甜美的伴侶嗎？還是這都太簡單了，你想要可以點起心中火焰的那個她，還是你想要某個高攀不起，但又能刺激你，每一分、每一秒、每一天、都想變得更好的對象？

因為你受不了對方得跟像你這麼不完美的人在一起，所以這股雄心壯志鞭策你不停向前，努力成為更好更棒的人，這是一趟永不停止的旅程，直到你覺得自己配得上你心中深深渴望的這份愛情為止。不過，你這個笨蛋可能只想要某個不錯的對象——蠢哪！

現在，花點時間看看上面這些清單。人生至今所走的每一步，是否都帶你朝這些目標前進？你做的選擇讓你更靠近這些看似不可能的目標嗎？還是你像那種早期的卡通片裡的角色，一直在河流上踩著圓木，花費一狗票的精力，結果根本是在原地打轉？

❖人生自轉，快不快樂也是就活著……

我想，你大概和後者一樣用盡一切力氣，只為了保持在水面上……好吧，好消息是你已經用可悲無救的小小人生完成了平庸這個目標，現在該是跳下圓木、踩上穩固地面的時候了。

當然啦，你心中那個無趣的魯蛇應該會這麼想：「我們不可能擁有一間大房子，和都是香檳的滑水道！」他說得沒錯，但如果你設定目標，但最後功敗垂成，也可能得到一幢你很愛、很不錯，有正常滑水道的房子，這種失敗應該還不算太糟吧！

反過來說，如果你一開始就把目標設在森林裡的破爛小木屋，然後失敗了，最後只能住在帳篷裡，吃別人露營剩下來的垃圾，在有污染的池塘旁脫褲子，朝著舊罐子大便。

這是你逃離快樂牢籠的機會；這是你開始好好生活、停止自欺欺人的時候。

如果你不再管自己快不快樂，那你可能真的有機會開始行動，真的朝目標邁進。如果這件事發生，或許有一天你睡醒後，會發現從心裡發出一種明亮、令你快活的感受。

你可能會爆出一陣小小的快樂。如果你認不出這個感覺，那是因為你還是個小屁孩時，並沒有真正去感受過它的存在。

永遠別忘記你可能還是會失敗，所以目標最好瞄準金牌。畢竟，你不想帶著悔恨過活吧。

● **溫馨小提醒：你真的隨時都可能掛點唷！**

憤怒這檔事

「我是帶著怒氣長大的。我有很多疑惑、憂慮。我的自我認同一直就是那個憂慮的青少年，直到長大都還擺脫不了。我已經三十六歲了。」

巴比．金（Bobby Kim，或稱 Bobby Hundreds）成為男性時裝界最創新的藝人之前，他就和一般人沒什麼兩樣。

「我是少數族群、第二代韓國移民，在家裡排行老二，是少數中的少數。」他覺得自己講好聽一點是很隱形，難聽一點是沒被人看在眼裡。那麼，他又是從哪獲得能量，創辦了這個世界上最知名的時尚品牌？

「我覺得自己總是沒有被聽見。我想從父母、老師、女孩子身上獲得注意，但都沒有，這讓我超級火大。我覺得自己格格不入，想做的事根本不可能成真。」

巴比是個住在加州河濱市的韓國小孩。他有一個自己的部落格。他告訴我：「根本沒有希望，只有橘郡的有錢的老白男才有機會，但我不是。我爸媽也一直灌輸我這種觀念。他們移民到美國就是希望我可以找個『正港』的工作。」

他說：「成長過程中，有很多事情都讓我很不爽。我心中對老爸有很多過不去的地方，我們之間的關係一直都不是很親密。這使我很想讓周遭的其他男性刮目相看。男性次文化就是要你從別的男人身上，獲得注目和尊敬。」

如果巴比和父親的關係沒有這麼緊張，他的內心或許就不會有這股熱情。巴比．金說：「不是每件事都很快樂、完美，忽略自己的憤怒是很不智的。我是滿有熱情的人，而憤怒是我最強而有力的情緒。它不見得是有破壞性或有害的情緒。善用它能夠讓我有衝勁、動力，可以去解決世界上的問題。憤怒代表熱情，是一份禮物。

「每個我認識的、快樂的人都驚人的無聊。他們是很可靠的人，但我想要影響、改變這個世界。我希望你可以感受到我的影響力。」

【自找快樂7】

想成為有趣又聰明的人，關鍵只有一個：好奇心

每當我開始覺得自信爆棚，或自我感覺良好，我就會把自己說話的聲音錄下來。除非你是史嘉蕾．喬韓森啦，不然，沒有什麼事能比聽到自己的聲音，更快讓你回歸原點的。

——珍妮佛．凱汀．羅賓森（Jennifer Kaytin Robinson，作家）

❖進階課(1) 保持懷疑，保持進化

你可能到現在還在想：「我真的覺得自己還滿了不起的啊！這樣錯了嗎？我又沒有礙著什麼人！」

錯了！你就是礙著了。你礙到自己還有身邊所有人。你散發出無止盡「愛自己」的訊號，讓人很難待在你身邊，而你對自己如此滿意更讓你停滯不前、毫無用處。人生是一條激流，河水清涼、有無數個河灣和轉折處。但現在你就像座髒兮兮的湖泊，裝滿吃人腦的阿米巴原蟲和死魚。

我知道，這樣還說服不了你。你心裡有部分覺得相信自己比實際更好，能讓你更快樂，也會讓待在你身邊的人覺得更舒服，使你每天早上充滿元氣地跳下床，像隻剛喝了濃縮咖啡的傑克羅素梗犬，充滿能量。

你可能以為自己在和全宇宙對抗，但實際上你只是在對著一棵樹嚎叫，還尿在自己踩著泥地的那隻腳上。

覺得自己了不起會產生的第一個問題，就是你會嚴重地錯估自己的處境。也因為這樣，你最後就很容易放棄，甚至更糟糕會因為絕望而妥協。

❖不存在的獨角獸

ok，讓我們花點時間來想想獨角獸。獨角獸他媽的令人愉悅。你從沒看過，也沒聽過有哪隻獨角獸不光彩奪目的——又長又結實的雙腿，完美、絲滑的皮毛下是結實、略皺的肌肉。有時候牠還會飛、會說話！顯然牠們有頗厲害的美妝團隊，因為當牠們轉身時甩動鬃毛時，唱片都會發出刮擦聲，派對也像碧昂絲走進來一樣，為之暫停。

顯然，獨角獸沒有什麼問題。牠們是完美的生物，噢！除了一件事：**獨角獸根本不存在！**

瞧，如果你覺得自己很了不起，你就會花時間去尋找不存在的獨角獸。你以為自己該死的很特別，所以值得最好的東西，你深信不疑認為自己值得完美，於是你假設自己有資格得到一隻獨角。這會造成兩種問題：首先，你很明顯會像個傻蛋到處晃來晃去，尋找這種傳說中的生物。另一個問題則沒那麼明顯，你會貶低、看清這世界上值得擁有的好東西。

因為，好吧，你知道獨角獸是什麼嗎？獨角獸其實跟馬沒什麼兩樣，只不過頭上長了個甜筒形狀的瘤而已。你漫步在大草原上，試圖尋找難以捉摸的獨角獸，而事實上，你只是經過一百萬匹馬，並令人難以置信地錯過牠們（獎勵大放送：你還讓那些馬覺得自己像是狗屎一樣）。

然而，所有讓獨角獸看起來特別的東西，馬身上也都有，除了那支無用的角之外（除非，你想讓你的獨角獸用角刺穿某人，或是你很熱衷於讓自己痛到不要不要的性行為）。

你看看你，對馬這麼嗤之以鼻，你他媽的以為自己是什麼咖啊？當自己是上帝送給馬的禮物嗎？要知道若牠們想，隨便一匹馬都可以趁你在牠身後，一腳把你的腦袋踢得粉碎！

但牠們可沒這麼做，因為你不值得牠們花這個時間（而且要把人類的血跡從馬身上弄下來，可不容易……相信我，我試過）。

重點是，你永遠都應該把眼光設高一點，你應該試著去摘星星，但你也要知道，除非打算你去當太空人，否則你根本沾不上星星的邊。這麼一來，你就只剩下兩個選擇：

1. 合理選擇你的願望。
2. 成為一個摘得到星星的太空人。

如果你想過個無聊到死的人生，那選項㈠對你來說極度完美，但假設你想要選項㈡，那就非得成為太空人不可……好啦，當然我並不是要你真的成為太空人。

我的意思是，你得努力奮戰，每天努力鍛鍊自己，竭力讓自己在生理、心理上，都成為最出色的人，這樣你才能冠絕群雄。

根據統計，上次美國太空總署公開招募太空人，吸引了差不多一千八百個人申請不到十個席次。可以詢問《打敗NASA上太空》的作者、前太空人麥克爾・馬西莫諾（Mike Massimino），他會告訴你：「當太空人最困難的地方，就是被選為太空人。上千個人徵選，然而被選上的只有少數幾個。要在激烈的競爭中獨佔鰲頭，是很困難的。那些能選上的人，真的非常幸運！」

但假如你真的成功上了太空，所有的辛苦都有回報了。探索太空是件極度有意義的事，一方面是因為當你飄浮在太空時，你會更明白活在地球上的意義；但另一方面，也是因為我們一直想去做一些沒有人做過的事——去挑戰可能的極限。

看到了嗎？這是做得到的！麥克就是活生生的例子。他想要星星所以努力嘗試，然後，就得到了。

如果你決定要追求選項二，勢必要願意學習和成長。不過，當你越覺得自己很不錯，往往越難做到這一點。

事實上，當你踏上「變得更好」的路途時，至少會發現，人生中有兩件事是可以肯定的：

- **聰明人知道自己很笨。**
- **笨蛋覺得自己很聰明。**

你可記得還是青少年時，總以為自己什麼都知道，那時的小鬼，乒乒乓乓地走回自己的房間，滿肚子火卻覺得自己腦袋清楚得很，大人為什麼一直浪費你的時間，試圖對你指手劃腳？還記得第一次墜入情海時，你百分之百確定對方就是命中註定的那個人？還記得你第一次分手，心中篤定自己再也不可能重整旗鼓？記得你信誓旦旦地說再也不要談戀愛了嗎？

你還記得那種覺得自己無所不知、無所不曉的感覺嗎？那麼，你可記得當自己終於長大成人，回頭再看看當時那個自以為無所不知的孩子，然後終於明白自己有多麼蠢的感受嗎？

你恐怕不敢相信自己年輕時竟然那麼傻。**當時的你對人生知之甚少，卻對自己短淺的目光、膚淺的世界觀如此自信。**這是很棒的一課。對很多人來說，這都是重要的一刻。在你意識到自己還有很多東西要學，還有很多空間可以成長的那一天，就是人生中第一次沒這麼蠢的時候。

接著，可怕的事情發生了。你忘記了讓你認為自己感覺無所不知的那玩意，還在你身體裡繼續吸著你的血，像陳年老優格裡的益生菌般以倍數不停成長。於是，在你二十幾、三十幾歲甚至一直到你七十幾歲時，你又開始覺得自己對世界的看法正確無比。

二十多歲的你說：「我十幾歲的時候弄錯了，那時我才不知道自己要跟誰談戀愛！但現在我很肯定哦！這段感情絕對不可能出錯，也不會毀了我，讓我不得不接受好幾年的心理治療！」

三十多歲的你驚呼：「噢！天哪！我二十幾歲的時候真是蠢爆了。感謝老天，我終於搞懂感情這檔事了。我以前太笨了，現在我可把一切都搞懂了！我再心碎的機率是零！」

七十多歲的你兩手一攤：「好吧，我離過三次婚，所有的孫子、孫女都不願意來看我。不過這次我一定沒有搞錯，我應該要跟照顧我的那個年輕護士結婚，她絕對不可能殺了我，把我的房子搬空！」

你的人生中，只百分之百搞懂了一件事：**你對這世界的認識完全錯了！但隨著你年紀漸長，似乎出現一種「長大」的奇怪壓力和忘記教訓。**

長大成人是很棒也很重要的事。當你終於長大，你得去做一件每個人類都要做的超困難的事：負責任。但不知為何，**我們總把「長大」和「知道人生該何去何從」畫上等號。這真是令人難以置信且大錯特錯。**「知道」和「認真生活」是完全相反的兩碼子事。如果說「懷疑」是人生之始，那麼下一步是「好奇」，「知道」在最後頭。

❖成長，是永遠不斷拒絕偉大

地球上最糟糕的人，是以為自己無所不知的那種，他們認為自己對宇宙知之甚詳，曉得怎麼做對自己，還有對你最好。想像一下，如果這些自以為懂很多的人，把沾沾自喜的時間用來學習、理解和熟悉周邊的世界，又會是什麼情形？

你做得到這些，也可以成為自己遇過最聰明的那個人，只需要遵照一個最簡單指示：**承認你什麼都不懂。**

地球上有超過七十億人口，大約兩百多個國家，超過六千種語言。其中，十二億人口說中文。你連世界上最普及的語言都不會說（不知道這本書有沒有被翻譯成中文，有的話，你好！很高興認識你！）。學永遠無止境，你也永遠不會真正明白你身處的當下。你不真正瞭解讓你腳踏實地的引力；你也不明白光是這麼透過你的眼睛，大腦怎麼將光線化為影像；你弄不懂耳朵怎麼處理音波，你連這些原理都不懂。

你是如此自大，用那個奇蹟般的身體在這個奇蹟般的星球上走來走去，每分每秒過去，你從不真的明白半徑十呎內所發生的事，卻深信自己明白人生和生活運作的道理？

長大成熟的關鍵，在於承認自己的渺小。你懂得越少就存有越多疑惑，也越容易不繼續當個自戀的大頭蛋，開始過一個有趣的人生。

❖保持無知，隨時保有好奇心

至於過有趣的人生，關鍵只有一個：**好奇心**。

好奇心殺死貓，因為牠可沒有躲在小公寓裡，吃著被冰箱凍僵的班傑瑞冰淇淋，被這個世界嚇得半死。貓死了因為牠做了牠愛做的事：當隻他媽的貓。

如果沒有好奇心，生活會非常平淡、可怕。你難道不想知道這些東西會帶給你什麼感覺嗎？你難道不想到地球另一端旅遊嗎？你難道不想試著搞清楚自己，為什麼活著嗎？

好奇心會讓你跳上一架飛機，偶爾則是讓你從一架飛機裡跳出來（最好身上帶著降落傘，當然啦，如果你是賓拉登，那不帶也沒關係）。好奇心讓你探索新的食物、新的城市、新的做愛姿勢。所有偉大人物都有好奇心。發明家、探險家、先鋒者可不會站在山頭上大喊：「我就知道！」不，他們都會問同樣的問題：「假如我這麼做呢？」

看起來我好像離題，而且內容開始聽起來很勵志（抖）。但我只是要說，你真的得揚棄覺得自己很了不起的那些自我感覺良好。

「那自信怎麼辦？」

你果然一臉笨樣的問了。承認自己一無所知，比大張旗鼓說自己什麼都懂更有自信多了。踏入預料之中且充滿信心的未來，這很簡單並不勇敢。一邊摸索一邊踏入荒原，對前面有什麼等著自己毫無所知，這才是勇敢、這才叫做人生。你就是這樣才當得成太空人。第一個踏上月球的人、怎會知道這是怎麼一件事，他們就是想找出答案，才到那裡去呀。

你以為自己很聰明、很偉大，但這些感覺除了讓你很舒服從來沒什麼用。外頭可以探索、可以挖掘的事還多著呢！

說到這，提醒你一下：你沒那麼了不起。不論什麼時候，只要你開始覺得自己好像滿了不起的，都要用盡全身力氣努力對抗這股衝動。**成就偉大的唯一方法，就是永遠不斷拒絕偉大。**

【自我快樂8】

犯錯時坦然善用懊悔的情緒，並給自己一個微笑！

最了不起的動力就是不滿足。

——珍妮・莫蘭（Jenny Mollen，作家）

❖進階課(2)保持微笑，得以立足不敗

截至目前為止，我們談到「正面積極」和「追求快樂」這股難以澆熄的熱誠，對你的人生具有多大的毀滅性。我相信現在你已經更有能力採取行動消滅它們了。

不過，在你內心深處，還有很多你試圖想壓抑但其實很有幫助的情緒，有這麼一股想要大破大立，改變自己看待世界的方式的情緒。如果你的人生停滯不前，那麼你就無法得到自己想要的東西了。**不要害怕！你身體裡有一支黃色炸藥，迫不及待地等著你點燃，把你內心某個情緒炸得震天價響。**

這個情緒就是：懊悔。

❖勇氣，從承認錯誤開始

沒錯，懊悔，每個人都叫你不要有的這個情緒，或許是你體內最有生氣的東西。大家都說，「懊悔於事無補，不過是浪費時間」，所以你從不曾好好處理過懊悔感。不過，你可別以為它不會自己找到出路，大大地影響你的人生。

多少個夜晚，你躺在床上想著所有做錯過的事。當你和朋友或親人吵架，脫口而出太超過的話，你胃裡深處湧起的那個感受；當你約會完回到車上，想著自己因為害怕，所以沒有親吻他／她，於是對方大概覺得你對他／她沒啥興趣，那真是煞風景！

你大概一輩子都要單身了，不如去店裡買幾部A片和一個充氣娃娃時，那股把你往下拉的沉重感。

懊悔是很不得了的力量。它像是不小心被吞下的口香糖，會一直留在你身體裡、窩居在你的腸胃道，一直到你死的那天。當人們把你的身體埋起來，體重的一半，都是這些原封不動的懊悔。

如果你不再任憑它們拖累你，而是讓它成為建造心靈最重要的那塊磚頭？你做得到！**人們之所以猶豫不前，是因為懊悔通常伴隨著罪惡感，意味著承認自己做錯事，而人都厭惡承認自己犯錯，因為人生不能重來。**當然你可以採取行動，下次試著做得更好些，但做過的事不能重來。

人們很難面對犯錯或做錯事的羞愧感，所以說服自己一點都不後悔，這其實是在保護自己。

人們說自己一點都不後悔，因為「自己從生命中發生的每件事中學到教訓，這些經驗成就了今日的自己」。如果你也聽過類似說法，他媽的快跑到高處躲起來！你差點就要被自戀又有幻想症的瘋子抓住了。

我們先來仔細研究一下，好嗎？假如某人一點遺憾都沒有，是因為他從錯誤中學到了功課，這些功課讓他成為今天這個更好的自己，也就是說，某人一定覺得現在的自己他媽該死的滿不錯的……

快、逃、啊！我無法想像有個人膽大包天地走到你面前，直視你的眼睛告訴你，他覺得自己很完美。我無法想像此人的臉皮，厚到敢說自己沒有需要改變的地方。但不知怎地，他們運用一些複雜的邏輯，完全不在說出口的話裡提到自己，卻很樂意拐彎抹角用另一種方式告訴你，他有多完美，說：「我沒有遺憾。」

你真的浮誇到覺得今天的自己一定好棒嗎？即便你覺得自己是很不錯的傢伙，難道不總是有讓自己變得更好的空間嗎？不能變得更聰明、更友善、更樂善好施或更有愛？

好吧，就算不說這些，難道「今天的自己」沒有足夠的智商知道其實這是錯誤得噁心的估算，為了讓其他人讚嘆現在的生活狀態，而逃避懊悔的感受，根本是種超級悲哀、自爽的生活方式嗎？

你本來就應該有成千上萬個遺憾，首先是曾經說過「我沒有遺憾」這句話。所以從現在開始，只要你每說一次這句話，就該更用力擰自己的奶頭一下，因為這可能是讓你停止這個習慣的唯一方法。

任何人如果想要變得更好，懊悔恰恰好就會是他需要的工具。想想看，你做過最糟糕的事情是什麼？認真想——想想看牽涉進來的人和它所引發的反應。每次你回想時那股糟糕的感受，總讓你夜不成眠；想想那些你不敢承認自己有錯，或好久之後終於把抱歉說出口的時刻；想想看那些習慣性想方設法把錯怪在別人身上，千錯萬錯都不是自己錯的時刻。

你想把這一切從腦袋中抹去？難道你不想利用它們讓自己變得更好？不，你只想覺得自己好棒棒。不是嗎？

你在還小的時候，曾經把手放在燒燙的爐子上然後被燙傷嗎？但你學會別再這麼做，對吧？這是大人用來教育蠢小孩的最面目可憎的例子了。我從來都沒把手放到爐子上。我人生中犯過很多錯，數都數不清，但我從沒把手放到火燙的爐子上，那是因為有人告訴我，不要這麼做，而我有乖乖聽他的話：**「我曾把手放在很燙的爐子上，所有手指都像烤焦的培根一樣，但我不後悔喔！因為這讓我成為今天的我！」**

看看上述這句邏輯不通的話，請問「今天的我」是什麼東西？一個曾經把手放在爐子上，但以後都不會這麼做的人？好吧！我根本不需要學這一課，而且我的手指看起來正常得很。你發現問題所在了嗎？

你不需要當個把手放在滾燙火爐上的笨蛋，才能學到不要這麼做。你只需要他媽的閉上嘴一秒鐘，好好聽聽周遭人的經驗。

你知道是什麼讓我變得更好嗎？可不是把手放在熱爐子上，而是我知道如果能好好聽進去別人的話，花點時間判斷他們說的話，那我或許就不會燙傷手，害自己好幾個禮拜不能打手槍。

或許，擁有一個毫無遺憾的人生可能還是頗吸引你，既然如此，你當初還是把手放在熱爐子上好了。事實上，你應該再做一次，兩次，三次。這樣你就可以學到更多事了！是不是好興奮呀？真心不後悔！

❖凡殺不死你的，只是人生中的一部分

此時此刻，地球上有好幾億人正經歷一些事。好幾百萬本書（包括這本）充滿著會讓你嗑死的資訊。你不需要親身經歷人生可以教導你的這一切。以下就是幾個例子：你不需要得到梅毒，就可以知道自己不會想得到梅毒；你不需要被朗達．蘿西（Ronda Rousey）⑩往你臉上揍一拳，就可以知道那會很痛；你不需要參加某個心理勵志大師的研討會，就可以知道他們會用你的兩百塊美金入場費，再去買一個

黃金坐浴盆洗屁屁，而你兩手空空地離開，除了非常短暫的自我滿足感之外，什麼都帶不走。

這股自我感覺良好，也會隨著你走進酒吧，發現根本沒人想搭訕你後迅速一掃而空。於是，你灌下四杯威士忌一撫心中之痛，然後跌跌撞撞地走進路過的便利商店，買了一片迷你臘腸披薩回家，孤拎拎地用可悲的微波爐加熱，並在夾板木頭地上哭得一塌糊塗。

你還瀏覽著前任情人的臉書，顯然她現在正跟你一直很痛恨的「羅傑」打得火熱，你連續四週，在凌晨三點傳「妳有想念過我嗎？」之類的簡訊，給每個前任情人，直到她們都封鎖你的電話號碼。

❿朗達．蘿西（Ronda Rousey）是美國職業摔角選手，曾為「終極格鬥冠軍賽」（UFC）首位女子冠軍。二〇一五年首次落敗之前，維持十二連勝無敗績的紀錄。她目前已轉戰美國職業摔角（WWE）。

你就是盡幹這些吃力不討好的事（這並不是說，我人生中經歷過好幾遍一模一樣的事，所以連提起都害怕，或是羅傑可能會寫信給出版社，要我們不可以在書裡用他的名字。老實說，我他媽的才不管你咧！操你媽的！羅傑，你這個垃圾！）

你不需要做這些。我親身為你試驗過了。當然啦，你一定聽過好幾百萬次了，殺不死你的東西會讓你更強壯，對吧？嗯，不見得喔！**殺不死你的東西，只是最後終究會變成殺了你的一系列事件中的一部分。**

每枝你抽過的煙都不會殺死你，相對的也不能讓你變得更強壯。事實上，所有你犯的小錯就跟香煙一樣，它們或許沒有給你最後一擊，你可能也沒有感覺到它們的存在。

但漸漸、漸漸地，它們在你身體裡累積，慢慢讓你的身體狀況越來越差，靜靜地縮短你的壽命，讓你過得更糟，最後，細胞無法控制地突變，於是你得了肺癌，三個月後你就死了。不後悔喔！

如果你沒有後悔，是因為錯誤成就今日的你，那事到如今，我要再提醒你一次，你真的沒什麼了不起。你不完美，不是一連串宇宙選擇下創造出的完美的「你」。

如果你看著鏡中的自己，然後覺得「我什麼都不需要改變」，那你最好繼續站在鏡子前，不停重複這句話，直到你掛點的那一天。因為我可以保證，地球上絕對沒有任何人想待在你身邊。

別害怕後悔；別害怕說抱歉；別害怕承認自己不好；別害怕承認你又搞砸了。這是你能讓自己變更好的唯一方法。這是任何人能從「不怎樣」變成「或許沒這麼不怎樣」的唯一方法。

不要從懊悔面前逃跑。善用它們！不必覺得懊悔是扯你後腿、讓你難受的東西，想想懊悔能怎麼塑造、定義你的行為。不妨把懊悔當成警告，錯誤想成地雷，既然曾經誤觸地雷，現在起碼知道它們確實的位置……

既然可以拿著地圖，不需要蒙眼踏入戰場，你又為什麼把厚厚一層的噁心、不必要的自我感覺良好，裹在眼睛上過人生？

❖真正的絆腳石，是假裝不後悔

懊悔是你人生地圖上的標記。如果你把它想成藏寶地圖的話，就會很有趣，不過，最後你不會是找到黃金寶藏，獎賞是你不會堂而皇之地毀了自己的人生。

接下來，事情就會變得有點複雜。首先，也是最重要的，你的目標會開始改變，而且變得更精確。

- **當你十八歲時，人生目標通常會侷限在這些事上：**

1. 有錢談戀愛、談上床。
2. 找到某個願意為你口交的人。
3. 違法喝酒。

- **當你終於二十一歲後，事情就突然就轉了個大彎：**

1. 有錢談戀愛談上床。
2. 找到某個願意為你口交的人。
3. 合法喝酒。

然後，你年紀又大了點開始擁有真正的目標，我們來看看這些比較有可能達成的目標。假設，你想擁有一個家庭，為了達成目的，你需要先找到對的人生另一半，某個你愛且尊重同時還能一起成長、彼此學習，願意接受批評的對象，對了，對方還得夠可愛，讓你願意一輩子被她口交。這時刻，就是你的懊悔感派上用場的時候了。

現在，我要你想想談過的每一段戀愛，但不要去想「我成長多少」、「當時好年輕啊」這些，而是對自己超級誠實地寫下所有你後悔的事。

你有背著他們偷吃嗎？還是他們背著你偷吃，然後你假裝毫不知情？你控制欲太強嗎？做人太惡毒嗎？問問自己這些問題，別一股勁地去想他們有多糟（我知道前任都是垃圾，應該把他們通通送去荒島，讓他們把彼此弄得不開心，一輩子假裝高潮，像是落入某種爛感情地獄一樣），而是花個一分鐘，想想你自己多糟。

我可以保證你絕對不完美；我也可以保證你絕對有做錯一些事。有時候，你很容易就會犯錯。比如你明知感情早已不在，卻還是繼續跟對方在一起嗎？你是否假裝對方很棒，只因為你家人討厭他，你想證明他們是錯的？你是否只是想利用對方報復一般渣的前任？或是你只是誠實表達自己想要什麼？

假如你到目前為止都對自己誠實，那麼你終於可以帶著這些資訊，踏入令人恐怖的雷區。如果你夠努力，或許能避免重蹈覆轍。儘管仔細看看你的心靈地圖，我想你會看得出來，哪些路有搞頭，哪些只是死路一條。

你會發現自己和夢想之間的路更清楚了。**沿路上會碰到的問題就在眼前，現在你有不要重蹈覆轍所需要的一切資訊，也就是說，你失敗的機率就降低了。**

不過，除非你忽略心中那個一直告訴你你好棒的聲音，不然這一切都不會發生。你必須坦然面對自己的缺點，才有可能改進。假如我一一打給你的前任們，問他們你有什麼缺點，我想他們的答案很可能都一樣。因為你並沒有真正改變自己，你只不過改變了自己的看法而已。

（假如你以為同樣的道理不能應用在性事上，你可就大錯特錯了。我猜，你很可能從沒讓人高潮到像隻被電擊的馬一樣渾身發抖，而這是因為，只要過程一有什麼不對勁，你就把問題推到不來電、硬不起來或下面太乾，事後也不敢問對方到底自己哪裡做不好。

現在倒是個好時機，你應該把書放下，打給前任，問問他們和你做愛時最討厭哪些事。這絕對會是通超不舒服的電話，但假如你有種這麼做，你搞不好真的能改善技巧呢！人生當然不是全然關乎性愛，但問問無妨。除非你說錯話，呃，有時候難免。好吧，我們繼續下去好了……）

所以啦，懊悔不能阻止你前進，假裝自己毫無後悔才真正阻止你往前。其實即便你還很小時，你的潛意識就知道這個道理了。

❖頭號玩家，人生遊戲公司

還記得瑪利歐嗎？就是那個有個哥哥的水管工人，瑪利歐有個老是被抓走的女友，話說回來，搞不好她只是喜歡跟其他男人環遊世界各地的豪華城堡。我交過一、兩個也有這種症頭的女友。

好啦，不管你是玩瑪利歐兄弟一、二、三或瑪利歐世界，總之，你會在玩的過程中獲得一些挺不錯的人生道具。這可不是指吃蘑菇，穿上浣熊裝，人生就會變有趣這類的事哦！

所有跟遺憾和為獎勵而冒險所需的人生智慧，都精整地包在這個小遊戲裡了。每一個關卡的一開始，你就知道自己在哪一關。就是你想一直往螢幕左邊跑也沒關係，但你怎麼跑也跑不過去。就跟人生一樣，你無法回到過去，抹除你做過的事。你永遠都會像每個關卡的開始，前進是唯一的路。

好啦，在超級瑪利歐裡，你有個清楚的目標：**把公主從城堡裡救出來，並且打**

敗過程中遇到的壞人。但是，你其實對整個狀況一無所知。我的意思是，每次到了關卡最後，公主總是在另一個城堡裡，等著你的只有某顆又喊又跳一點幫助都沒有的詭異蘑菇頭。（你一定會想，你幹嘛不阻止公主離開啊？你他媽的有什麼問題！你只會在這裡跑來跑去，叫啊跳啊，把我搞瘋而已！）

所以，你完全不知道人生會把你帶往哪去，也不知道自己會不會抵達「終點」，但你知道除非不停按按鈕，繼續往螢幕右邊前進，否則是不可能更接近目標的。

一開始你會一直死，被滾來滾去的龜殼逮住、被長了牙齒的花吞了，或被旁邊總是飛來飛去的子彈射死，你很好奇瑪利歐世界的居民，為什麼沒有聯手通過槍枝管制法案，解決這種狀況。你會很挫敗，因為你一直死、一直死，那個悲傷的音樂彷彿在嘲笑你似的，不停重複播送。

但你突然明白了什麼。這些亂飛的子彈、不懷好意的龜殼和嗜血的牙齒花……它們都滿好預測的。它們移動的方式都差不多，你會觀察到它們做了些什麼，到底怎麼一回事，接著嘛，要完全避開它們就容易得多了（或殘暴地幹掉一隻烏龜，然後把牠的屍體當成致命武器，做掉牠的親戚）。

每次你又做錯事，忘記你學到的東西，或遇到不熟悉的新敵人，然後死掉，你都還是有兩個選擇——你大可以告訴自己「我毫無遺憾的玩過了」，然後偶爾才玩玩這個遊戲，跟以前一樣離目標差不多遠，或者，你也可以告訴自己「原來我這邊做錯了」，然後改變你的玩法。你可以換一個方法，或走不同的路，改變速度和方向，什麼你都可以改，也都改得過來，只要你讓自己體會瑪利歐從幾千呎高的雲端上摔到無底深淵的感覺。

當然啦，你也可以用第一種方式，沒有遺憾，玩得很開心。但如果你是這種玩家，就不會發現遊戲裡還有好幾種世界，每個世界裡又有很多有趣的關卡。而且，你的技術也不會越來越好，不過也沒差啦，反正你在那些世界裡也是一下就死了。

不過，假如你選擇第二種方式，或許短時間內會沒那麼好玩。因為你要認真思考，這會讓你沒辦法這麼享受過程。但整體的體驗會豐富、不同許多，而且你也得更有效率地使用手上的命。你需要深刻、全然地感受懊悔，才能獲得珍貴的經驗，好幫助你面對下一個關卡的挑戰。

我的朋友，這就是你最後能得到公主的方法（還有一個額外好處，你可以獲得城堡，同時還可以讓那顆該死的蘑菇頭白痴閉上嘴）。而如果你沒有從懊悔中學到教訓，最後你的人生就會終結在某個鳥不生蛋的城堡裡，身邊只有蟾蜍與你作陪。

所以真要我說，我覺得超級瑪利其實跟談戀愛挺像的。不過，善加利用遺憾，在腦海中好好把事情想清楚，不只能運用在談戀愛和口交上。它幾乎可以運用在每一件事上。

所以，所有你覺得聯合起來和你對著幹的事情，其實反而能替你幹活。懊悔吧！從中學習吧少犯一點錯，成為更好的人！你會稍微更了不起一點。

挫折這檔事

「我一輩子都覺得被人忽視，所以我乾脆做一份能讓每個人都參與的工作。我的觀眾和粉絲讓我覺得很被愛。原本，人讓我覺得挫折，於是我選擇做一份能點名別人的工作。好萊塢讓我挫折，所以我發明自己的事業，為自己創造機會。」

假如你看過艾莉莎・施萊辛格（Iliza Shlesinger），那你就看過了世界上最棒的單人脫口秀。她是出色的單口相聲[11]家，能像連珠炮似的一個笑話講過一個笑話。

她充滿能量，是你遇過最有趣的人了。但那些能成為搞笑題材的事物，背後的核心感受，是一股覺得人生飽受忽略的挫折感。

當然啦，我們本來時不時就會有這種被忽略的感受，但艾莉莎是個生在德州的猶太人，她的姓超難唸，套句她說的話，「長得又沒有漂亮到足以被稱為美女，但又不是真的這麼呆、古怪和特立獨行」。或許也就是經歷這一切，她才能在這個男性主導的產業中，成為一個非常成功的喜劇表演者。

「當我年輕時，一直有種『媽媽得提醒別人我存在』的感覺。我記得很清楚，她在學校辦公室或會堂裡，澄清他們搞錯了我的名字。我常轉學，從來都進不了女孩的核心圈，你知道光是要和她們當朋友就很難了。我一直有格格不入的感覺。

我讀不了想讀的大學，也進不了姊妹會，天生好像就是跟團體處不來，後來，我搬去洛杉磯，在那裡還是找不到歸屬感。

我不是『紐約來的喜劇演員』，或是『芝加哥來的喜劇演員』，我也不屬

⓫ 單口相聲：由一名演員於台上表演，是最早的相聲表現形式，並且流傳至今。

於另類喜劇圈。

我一直是自己一個，從來沒和一夥人在編劇室一起寫喜劇劇本。單人喜劇就是這麼『單人』的演出。」

不過，我可是愛透艾莉莎了。因為，就和所有出色的藝術家一樣，她利用這種感受，挑動每個人對這個世界都有過的挫折感。

「我很容易生氣，老是覺得挫折，演出內容一定會包括社會上令我挫折的事，比如說女性遭受不公的對待、對其他人的看法、身為美國人的感受等等。再加上好萊塢的進步超慢，這一切對我來說都是超挫折。」

於是，她停下來等待一邊為自己創造機會。現在，她擁有網飛（Netflix）的三個特別節目、自己的電視節目，還出了書《女孩邏輯：天才和荒謬》。她再也不覺得自己被忽視了。

「好萊塢讓我挫折，所以我發明自己的事業，為自己創造機會。」

艾莉莎知道，是挫折讓她成為很貼近人心的表演者。

「如果我從未感受到挫折，那我可能只會成為一個平庸的喜劇演員。」

【自找快樂9】

「最大缺點是什麼？」最能讓你獲得重要資訊

承認自己有所不知，而不是一直強調自己所知，才能讓人可以成功、變得越來越好。

——埃蘭・葛爾

❖進階課(3)保持缺點，得以保留無限可能

在試圖達成目標的過程中，人常會犯下的最大失誤，就是想裝出比實際上更厲

害的樣子。「裝個樣子，你就辦得到！」、「裝久就會成真！」、「配合你想要，而非你現在的工作穿著」，糟糕透頂的建議！

問題就出在多數人並沒這麼笨。他們可沒你以為的好騙，更何況每個人都想用同樣的方式誆他。假裝自己是個無所不知的萬事通，沒有比這更掃興的事了，而更糟糕的是，大家都看得出來你不是。承認自己有所不知，而不是一直強調自己所知，才能讓人可以成功、變得越來越好。

讓我用工作面試和找到工作舉例好了。請你理解一下，這個思維模式可以應用到所有事情上。人生會遇到的所有事都和面試很像。你絕對不想搞砸它。

問問自己：如果你聘請一個人開飛機，而你的家人都在飛機上，你寧可把自己和家人的命交在一個會問些問題，確定一切就緒的人手上，或是一個看著飛機說，「嗯哼，看起來不錯，我什麼飛機都會開」的人手上？

身為面試過很多人的人，我可以告訴你，最能讓你獲得重要資訊的問題就是：「你最大的缺點是什麼？」

❖缺點和咳嗽，可以忍但無法一直掩蓋

我們都看過補習班老師或糟糕的面試影片，教你該怎麼回答這個問題。他們要你列出所有最棒（或是你覺得可以驚豔住潛在雇主）的特質，然後講得一副它們好像很不好似的，你懂的，通常就像是：

「我很放不下心，常把工作帶回家做，腦袋都停不下來！」

「你隨時都找得到我，我從不關機，永遠準備好上工！真的是隨時隨地喔！這點我實在該改一改。」

「我工作超認真，對工作無敵付出，不管你什麼時候需要我，我隨時都會在。我甚至連食物和水都不需要了。我是工作機器人，能實現你所有瘋狂的夢想。好吧，這點我實在該改改。」

如果有人跟我說類似的話，我會笑出來。只要我還活著，這輩子我都不會再看到他了。這些話不只明顯地問題多多，還可以說是明目張膽、令人嘆為觀止的謊言

（如果要說謊，也說好一點吧），這個人顯然沒有從之前的工作中學到任何事。

你不可能掩蓋自己的缺點，它們總是會浮出水面、出賣你，你只能趁被發現以前，假裝自己很了不起。而一旦別人發現你有這些缺點，你就成了不只有缺點，而且還說謊掩飾它們（或更糟，不知道自己有這些缺點）的人。

你是不是耳根子很硬、性格頑固？是不是總愛遲到？動不動就和同事爭吵？你是不是競爭成性？當事情不順你意，就勃然大怒？你是不是討厭當錯的那個人？你同事布蘭達把鮭魚帶來公司當午餐，用微波爐加熱，結果加熱得太久，鮭魚的肉汁噴得微波爐玻璃門到處都是，但她卻若無其事般視而不見。

於是接下來這一年裡，不論你把什麼東西放進微波爐裡加熱，都會多了一股魚味，你他媽的布蘭達，妳到底有沒有腦？

好了，所以你現在可能這麼想：「對啦，上面說得這些症頭我都有，但你休想我會在工作面試時承認這些！」嗯哼，這就是你大錯特錯的地方了。這是個充滿競爭的世界，工作難找又難留，如果你一直用你和其他每個人都會用的謊話應付，你就會得到一成不變的結果。

❖非友類戰時同盟

Well，讓我們花點時間再看看上面那些負面的特質，看看是不是真的像表面上這麼糟？對了，順便告訴你，上面那些負面特質我通通都有，但也是它們，讓我在過去十五年間在專業層面成長。

我很死腦筋又頑固。我總認為自己是對的，厭惡當錯的那個人。所以，只要我稍微聞到一點可能是錯的味道（當然是從未發生啦），就寧可扭曲事實，改變世界上所有一切，以迎合我的觀點，也不肯改變自己的觀點去符合世界。

非常非常偶爾的時候，我可能真的是錯的，不過呢，我雖然會改變觀點，但還是會充滿怨恨地為之前的立場辯駁，宣稱那是最正確的立場，非不得已才會改變想法。聽起來是很好辯又難相處的人，是吧？

你可以想像跟我交往嗎？那真是他媽的惡夢一場。但你又不是為了和我約會才面試我，而是想知道我是不適合你們的團隊，如果我想替我的團隊找人，我希望會是一個衝衝衝的人。

我不想當你的朋友，但老天爺啊，我很願意當你的戰友。有時候，**人生中能夠得到最棒的人才，就是那種若成為敵人會讓你恨之入骨的人，他們打死不退，意志堅強，世界也不得不臣服在他們如鋼鐵般的意志之下。**

❖輸家在左，贏家在右

沒有任何事，比事情不順我的意更讓我痛恨了。如果真的出現這種情況，我會確保相同情況再也不會發生，假如又發生，我會該死確定絕對別重蹈覆轍。我會氣噗噗、鬱鬱寡歡、哭個不停，我在意得要命，甚至會到難以正常運作的程度，最後只能坐在家裡沙發上，看 YouTube 中的童年懷舊卡通，微薄地希望能喚醒深藏在心底，那個還沒打算放棄人生的孩子。

如果和我共識的人和我看法相左，那更是會讓我怒到一個不行，而且我還期待他們要像我一樣這麼氣。這難道不是我們努力的原因嗎？我們不都想把事情做到最好嗎？

我曾經在錄影帶出租店工作。為年輕人解釋一下，錄影帶出租店跟電視上就會出現的網飛（Netflix）不一樣，以前的人會走進一間建築物裡，裡面有各式各樣的電影，裝在小盒子裡，你可以選擇自己想看的電影。跟你用滑鼠點選影片一樣，只不過以前的人是真的用手去選，我們也不是按下滑鼠左鍵，而是選了影片後，把DVD帶回家，隔天再拿來還。現在想想真是滿奇怪的，害我很難解釋清楚。

我每天穿上皺巴巴的白色襯衫、夾式的紅領節和印有爆米花的背心上班，試著成為最棒、速度最快、最有熱情的員工。我把每部電影按照字母排放，也絕不會忘記逾期的人收罰款。

就算閉起眼，我也能同時為三部錄影帶迴帶，這不是因為我很愛邪惡連鎖企業，或覺得自己有機會在錄影帶出租店爬到管理階層（還好我沒有，因為我最後終究會面對殘酷的現實），而是因為有競爭，而我想贏。

這種想贏的慾望，和你認知自己是輸家有很大的關係，因為假如你確實是也自認為是贏家，那麼何必還這麼努力嘗試？但假如你是輸家而你厭惡當輸家，我的老天！你絕對會不擇任何手段來讓自己成為贏家。

不過，你要是想繼續說自己多認真的話，也請便。你根本就很不會說謊！你以為我會聘用你嗎？去你的和你的鮭魚啦！布蘭達……所以我說了這麼多，重點是什麼？

❖微笑，擴展人生的十七條肌肉

我想我很努力地想告訴你，人們樂於花費大量時間和精力，自滿於現在身處的環境，而只願意花少少或根本不花力氣，幫助自己提升到好的位置。你忙著讓自己笑得更假，卻忘了去做那些或許終有一日能讓你真誠微笑的事。

畢竟，有句話是這麼說的：「微笑只需要用到十七條肌肉，但皺眉要用到四十三條（噢，對了，這句話是錯的，但我們就假設它說得沒錯吧）。」你想過好人生，最好還是多用自己有的肌肉，而不是讓它們軟趴趴地攤在那萎縮，最後變得像你那張需要去打肉毒桿菌、鬆垮垮的臉。

所以囉，別再假笑了！

復仇這檔事

「我用復仇當做燃料。我想要當他們的面給他們好看！大學時期，我經歷一次慘痛的分手，我記得當時我想著，我一定要功成名就，讓她到處都得看到我的臉。」

特雷沃恩・佛里（Travon Free）生於加州康普頓（Compton）。「從數據上來看，我應該沒命的。」但並沒有。這位三十二歲的年輕人獲得過艾美獎最佳編劇獎，手頭上目前還有一百萬件專案。

但事情並不總是一帆風順。二〇一二年，他孤注一擲，丟出自己的劇本給《瓊・史都華今日秀》。節目製作人回電給他，說他的劇本很棒，但他們真的沒有職缺。

特雷沃恩在二〇一二年艾美獎頒獎典禮和製作組見面，他說：「感覺他媽的糟透了！我還記得坐在沙發上，我妹和我叔叔也都在家陪我，我坐在那，很努力不哭出來，不知道接下來該怎麼辦，覺得自己完全被擊潰。」

當下，特雷沃恩一點都看不見希望。他也不能確定一切都會順利。「我真的會在沙發裡東翻西找，看看找不找得到零錢買東西吃。我一點都不覺得難為情。我會開車到得來速，然後全部用銅板付。銅板輕鬆點有什麼，我就點什麼！」

於是，特雷沃恩放棄了。「我去應徵公園巡邏員的工作，算是公職，還有醫療福利。但他們覺得有大學學歷的我還不夠格。」他的人生、他的夢想都落在糞坑裡了。既然如此，是什麼給特雷沃恩力量繼續走下去？

特雷沃恩說：「我覺得那些說我做不到的人很重要。如果他們說我做得到，我不曉得會不會努力去嘗試，我們討厭別人說我們做不到，但反過來說可能更糟糕。要是沒有負面的燃料驅策，或許世界上就不會出現這麼多了不起的人了。如果你是做父母的，希望自己的孩子成就不凡，那最好告訴他們，他們什麼都做不成。

「就算你相信他們，還是要說他們不可能實現夢想。因為如果有人告訴說，你什麼都做得到，你想成為怎樣的人都可以，那就會讓你很容易為了一點小事就放棄。反正大不了去做別的事情就好啦！」

特雷沃恩後來接到通知，《今日秀》開除了某個編劇，現在他們有空間聘請他了。當時，特雷沃恩的銀行戶頭裡只剩下四塊美金。至今，他還是把明細表留著作紀念。二〇一五年，被告知夢想無望的三年又一天後，特雷沃恩贏得了他的第一座艾美獎。

他特別記得某個說他會一事無成的人，是怎麼說的：「誰知道這個臭傢伙是誰啊？我可是有兩座艾美獎呢！」

PART

3

羞恥、焦慮、絕望時，你需要一個抱抱！

每天早上睡醒，我都確定自己再也寫不出好歌了。我習慣消化很多讓我沮喪的事，把它們寫進歌裡。我就是這樣把這些事拋在腦後。成長過程中，每當我生氣或難過時，我就會聽歌。現在，當我生氣時，我就試著把怒氣寫進我的歌裡。

——馬克·霍普斯（Mark Hoppus，眨眼182樂團的歌手、作曲家）

【自找快樂10】

記得！要讓失敗知道你是老大

「每做出一個選擇，就代表其他所有可能性的死亡。」人們害怕做出選擇，因為每往某個方向走一步，就表示距離其他所有方向都遠離一步。

——史蒂芬・史匹柏（Steven Spielberg）

❖高階課(1)正負消抵，情緒萬用資料庫

到了這個階段，我假設你已經不再害怕面對自己沒那麼偉大的事實。如果你的確做到，那想必是因為你發現這個想法是有價值的，但它充其量也只能帶你走到這

裡。你現在需要的是一套完整的行動計畫，ＡＫＡ能實際達成你那些狗屁夢想的方法。

這道理很簡單，但也是各種心理勵志類書籍和其他人讓你一再失望的痛點。舉凡勵志類的書，基本上都做一樣的事：放誦浮誇的讚美，即使你看起來像一條掛在浴缸邊緣，被性愛體液弄髒的破布，在外面等死，但按照這些說法，你完全可以帶著全新的態度，繼續原樣過自己的人生，所有事情會突然變得順暢無阻。

或許你已經發現到，這類建議除了對早就變成該死億萬富翁的作者有效之外，對其他人根本沒什麼鳥用。你在那邊嘻笑，在那邊拉屎時，他們的戶頭也繼續麥克麥克。

好啦，說夠他們了。現在我們來談談，該怎麼讓你變得更微不足道一點。首先，打造一個沒那麼了不起的人生，關鍵在於面對自己無可避免的缺陷時，不要逃避，而是讓它們為你效力。

要將力量大得驚人的負面能量轉化成正面情緒，往往需要好幾個禮拜的時間，但你鄰居蓋瑞打開那張臭嘴，跟你說些屁話，就可以馬上毀了你的一天，前後只需要十五秒鐘。這當中的差距，等同於你需要好幾個月才能瘦下幾磅，但只要吃兩片臘腸披薩和整盒薄荷餅乾，轉眼之間就胖回來了。

毫無疑問，負面情緒他媽的超強大，想想看，假如你可以讓這些負面情緒為你效力，而非扯你後腿的話，又會如何？

當人們說起人生中害怕的事，很多都和同一件事有關：失敗。

失敗的力量很強大，幾乎會啟動所有情緒的機關。害怕失敗，會讓你裹足不前，不敢積極爭取你渴望的事物，當你鼓起勇氣嘗試要克服難關，不論你原本想做什麼，失敗總會自你手中把它偷走。

❖失敗，成長的能量飲料

人們總愛說成功人士失敗了多少次。他們老愛提麥可・喬丹（Michael Jordan）

沒有入選高中校隊的事；或是愛迪生（Thomas Edison）老被人說會一事無成。沒有什麼事比這種東山再起的故事更振奮人心，就算曾經失敗一次、兩次、三次、無數次，這些失敗最終讓他們變得更強壯，於是某一天，他們破繭而出，成為充滿啟發和激勵人心的見證。

人們使用這些例子，告訴你失敗只是通往成功途中暫時的絆腳石。他們不只想讓你認為失敗是旅程的一部分，還想要你相信，若沒有失敗就不會有成功。

當然，這麼說或許沒錯，但這完全抹殺了失敗的作用，忽視伴隨它而來的感受。面對失敗會覺得超級失望，認為自己是低能、什麼事都做不成的蠢貨，這很正常。你需要知道會失敗，就是因為自己沒那麼了不起，並且確實感受到這點。

喬丹被踢出籃球校隊時，肯定沒有開心地跳上跳下。他說：「選不上籃球隊實在很令人難為情」，然後回家把自己關在房間裡哭。當時的喬丹還不是偉大的籃球員，甚至連不錯、可以入選球隊的邊都沾不上，這讓他覺得自己有如垃圾般無用。正是這種感受，這種失敗的感受，和真確知道自己還不夠好，才成為動力，讓他最後成了那個了不起、偉大的麥可．喬丹。

他在接受《新聞週刊》特輯〈喬丹：改變籃球賽的那個男人——三十年後〉訪問時說：「每次當我訓練到覺得累了，想著自己應該停下來休息一下時，我就會閉上眼，腦中彷彿看見更衣室裡那張沒有我名字的球員名單。」他沒有自我安慰、找藉口讓自己感覺良好，而是覺得難堪、羞愧，並利用這些感受推動自己繼續向前。

後來，另外一個人也沒選上校隊，但是其他人告訴他：「沒關係，這只是成功路上的必經過程而已。麥可．喬丹也是這樣的，有一天，你也會像他一樣成為超級巨星。」

你知道這個人是誰嗎？你當然不知道！就像我那位來自佛蒙特的朋友詹姆斯一樣，你不認識他，因為他進不了ＮＢＡ。不只這樣，他也從未入選進球隊，因為他非但不覺得自己是一坨屎，也沒有自己根本不夠好的覺悟，而是滿足於「失敗只是旅程的一部分」這種狗屁故事。

所以，他還是一如往常般努力練習（雖然實際上他應該要十倍努力），但根本就不夠。現在，他大概四處跟人說自己會是下一個麥可．喬丹，為什麼他的夢想根本就沒有實現，因為這都是「計畫」的一部分（畢竟你知道的，每件事發生都有其理由……）罷了。

❖負能量陣線聯盟

失敗的驅動力大到你難以想像。它很負面、很令人悲傷、讓人感覺糟透了，而正是這些感受讓它如此強大。人們不想感受這些感覺，於是安撫並告訴自己，失敗只是路途上的障礙物。即便是最有經驗的職業障礙賽選手，也不會認為障礙物是好東西的。失敗同理自然是討人厭的東西，擋住他媽的路了。

但是，這世界上的萬事萬物，尤其是情緒都不是靜止不動的，會隨時都在變化。你的人生會變，面臨的情況會變，同理你可以用不同的方式處理、利用情緒。當你回顧人生中的失敗，會意識到它們都擁有驅策你向前的力量，當然啦，這不是因為這些經歷感覺沒那麼符合失敗的形態。

別忘了失敗時，你除了得更加把勁、更努力在更悲憤還可以，然後想辦法消化這股悲憤，爬出披薩盒、外帶中餐容器、酒瓶的深淵，重新回到陽光下。

要能做到這點，首先你需要讓失敗知道誰才是老大，要做到的唯一方法是讓失敗先贏——沒錯，這就是秘訣，真心不騙！你得先讓失敗揪著你的蛋蛋、奶頭或痛處，像個憤怒的食人魔一樣把你揮來揮去。你需要被徹底摧毀，成為恐怖片裡那個雙腳都被刀刺入，兩手都被子彈射穿，損失六品脫的血，最後奇蹟似地殺了戴著面具的殺手，神奇地扭轉了乾坤。

要戰勝失敗的恐懼對每個人來說都不是那麼容易，你的一切嘗試都都可能以失敗作結，譬如你的每段人際關係（幸運的話，總有一段可能是成功的）。但你的優勢是當其他人都在對抗失敗時，你的作法卻不一樣。你讓失敗贏。

讓我告訴你吧，失敗就像隻大熊，你仆倒在地讓牠像對待李奧納多．狄卡皮歐那樣，把你撕扯得體無完膚，接著牠就會移往下一個目標。就是這時候，換成你站起來。當失敗完成牠的任務後，就換你獲得成功了。

不過要小心，失敗從來不獨來獨往的。在「失敗大熊」離開犯罪現場以前，牠還會花點時間蹲下來，在樹林中間拉了三坨巨屎。

這三坨巨屎可有名有姓：羞恥、焦慮和絕望，或簡稱為「羞焦絕」。對多數人來說，羞焦絕是人生中最強大的負面力。但一旦你知道利用失敗運作的方式，你就能把羞焦絕打得屁滾尿流。

❖ 羞恥——你的新朋友

對多數人來說，羞焦絕是人生中最強大的負面力。我不知道還有哪種感受比羞恥感更有摧毀力，羞恥感能毀了一個人的人生。當你真的覺得很羞恥時，你會覺得自己沒個人樣；而常常，這種感受又會讓你羞愧得更厲害。當你覺得自己「不是人」，你就會停止用認為自己還是人時的各種標準來看待自己。

差不多這個時候，你會開始發現早上加了太多龍舌蘭在麥片裡，然後在美國購物中心大吐特吐，你覺得事情不可能再更糟了。也就是這時，你會開始告訴每個你所愛的人你根本不愛他們，為了保護他們，不受到你這個漸漸變身成恐怖下水道怪物的混球侵擾。

羞恥感會精選出你人生中最悲慘的時刻，在你腦袋中不斷重播，直到這些畫面無時不刻出現，甚至侵蝕你最美好的時光，為你每個心思意念塗上醜陋色彩。

但一如既往，強大的情緒不見得需要像嘴巴被塞了一顆蘋果，被串在燒烤串上的豬一樣，拿一根桿子塞進你屁眼，然後把你轉來轉去。羞恥感或許是最有摧毀力的情緒，但能成為對付自滿的最強力武器。

本書前面提到，敵人可以多麼強大。我們都知道，核子武器很可怕，根本不應該被使用，然而它們的存在本身就有很大的嚇阻力。（希望你讀到本書時，我們還沒被捲入核戰，都還好好活著！）羞恥感正是情緒彈藥庫裡的核彈。你要不是讓世界用它來對付你，或者就是你主動用在自己身上。

❖裹夾著肥胖的厭膩

讓我告訴你我怎麼做的。我超痛恨爸媽傳給我的基因。我的牙齒排列參差不齊、長得又矮、頭髮多又笨重。但這一切都不比肥胖的身軀更令我憎惡。

我從小就是個小胖弟，成長過程中曾一度短暫地食慾不振，但也從沒瘦過。我用寬大的衣著和蓬鬆的頭髮外加一嘴鬍子，為自己掩飾像熱狗般粗短的脖子。但不管穿什麼，我的大腿總是彼此摩擦，當我偶爾（幾乎可說從來都沒有）跑步時，更會因此而起紅疹。

曾有一段時間，我胖到側躺時竟然找不到地方放卵蛋。我不能把它們放在雙腿間，因為會把它們壓扁，又不能放在前面，因為那不是它們該去的地方。所以，我只能仰睡，但肥脖子壓垮了我的食道，導致我一個晚上會因為咳嗽而醒來好幾次。

但是，從沒有人當面說我很胖（除了某個傢伙之外，你去吃屎啦！克里斯），於是反而讓情況雪上加霜。我覺得很羞愧，但沒人希望我這樣，大家都希望我正面積極又快樂。他們都是好意，總是在生日派對上給我特別大的一塊蛋糕。

在我們開始進入正題前，我要說胖或瘦，隨便怎樣都完全沒有什麼不妥。你想怎麼樣就怎麼樣。只是我不喜歡自己的身體，我希望自己看起來不一樣。我覺得朋友沒有以我為恥真是很棒的一件事，但我多希望能更早就以自己為恥。為了我自己好，為了我想追求的那些事物好。

請千萬不要覺得，我鼓吹你變成別人希望你變成的樣子。如果你喜歡自己的樣子，那麼真是太棒了！但我可以肯定，你還是有很多其他可以更進步的地方。不過以上所述，都是我對我自己的身材的感覺。

我真心希望你喜歡自己的身體，但如果你不喜歡而且是你有能力改變的，那麼把羞恥變成動力，不失為一個好方法。

我假裝自己有一百七十三公分（這可不是說謊），是因為某一次有個醫生這麼告訴我。他大概不小心多算了兩、三公分，但我選擇相信這個事實。假設我只有一百七十公分，然後根據二〇一五年五月三十號的測量結果，我的體重是九十七公斤。

真是他媽的嚇死我。我告訴朋友，他們都不自覺地皺眉起來，不過最後免不了還是會擠出「以這體重來說，你看起來很ＯＫ啊」這類安慰我的話。這不會讓我覺得羞恥。他們真可愛，完全太該死的善良了。

❖脫掉吧，恥辱柱上的獻祭

你可能發現了，我一直是很多大受歡迎的約會節目的製作人。我不知道你有沒有看過這類節目，但基本上，節目參加者都有個共同特徵——外形姣好。他們要嘛是運動員，不然就是健美選手、個人教練或皮拉提斯專家、生食愛好者等。我們很容易忽視這些人的本質，覺得他們除了身材好之外一無是處，但我和很多這樣的人都是親近的好友。

他們很有趣、有層次、活得精采，人生故事也很豐富。他們和我一樣，都是有血有淚的正常人，只不過，他們像是被精心雕刻而成的雕像，而我看起來像隨便從培樂多黏土罐裡擠出來的。

有次，我們正準備在某個美麗、靠海的地方開始拍攝工作，也剛好是這時，我量了體重。我就在那裡量出史上最胖的紀錄（不只是胖，而且身材變形，那時的我已經幾乎一年沒運動了），即將在接下來的夏日，被眾多擁有像雕像般腹肌的人包圍。這也不要緊，反正我就按照自己最擅長的方式應對。

我穿上時髦的T恤，好讓人轉移注意力，不會直勾勾盯著我那對搖來晃去的大奶。雖然我知道根本沒人在乎我裸上身看起來如何，但我可不想讓人有任何想像的素材。那可是會讓我丟臉丟到家。

就在此時，我突發奇想：我乾脆連上衣都不要穿好了？我乾脆不要遮掩自己感受到的羞恥感，而是強行讓我那對晃來晃去的大奶曝光？

所以我就這樣辦。在那恐怖的幾週裡，每天有空閒時間時，我都赤裸著上身，在美麗到極點的沙灘上走來走去。方圓一百碼內的人，都可以看到我這團可恥的白色肉球，不開玩笑。我恨死這樣了，每分每秒我都恨。雖然我滿確定根本沒人注意或在意，但老實說，我的感覺卻很痛苦，讓我難以忍受。

到了第二週，我知道自己得做些什麼。我開始在沙灘上慢跑。如果你覺得脫光上衣在沙灘上走來走去已經很丟人了，那慢跑就更精采了。我像是快斷氣一樣，而且幾乎無法持續跑上一分鐘。旁人什麼話都沒說，他們都很善良。但我感覺得到這股自我憎惡的感受，並將它轉變成另一種感受：**決心**。

在開始前我從不認為自己做得到，但到了該月月底，我已經可以連續跑上一英里。拍攝工作結束回到家後，每天早上我還是會站在鏡子前，看著鏡中那個令我憎惡的身體。只要去海邊，我就會把上衣脫掉，在健身房，我也強迫自己穿著吊嘎，赤裸裸地呈現這具身體和羞恥。

很快地，我開始可以一天跑三英里，一週跑五天。接著，我甚至能跑到八．五英里、十英里。不敢相信，我買了健身ＤＶＤ，每天氣喘吁吁地跟著做。每天，我都可以感受到朋友和同事的眼光。我知道那不是品頭論足的眼光，他們愛我原本的樣子，那些羞愧的感受是來自我自己。

憎恨我身材的人就是我自己。每次跑步，每吃一頓飯，每少吃一次甜點，我就想到自己是如何刻意用他人不存在的眼光，批判看待我的身體。我他媽的真覺得自己很可恥！

很快地，我瘦到了七十九公斤，甚至一度達到七七．五公斤。也就是說，我在這個月就瘦了十九公斤。我繼續保持。直到今天，每天早上我起來不是想著自己身材多好，而是光著上身走在沙灘上的前幾天，此生再也不想有那種感覺了。

我把羞恥感「督」進我的屁眼裡，然後拉掉了十幾公斤。我沒有讓這世界打上恥辱印記。我為之奮鬥，這就是我用羞恥感來改變自己的方式。

❖焦慮——世界上最大的混球

焦慮是腦袋中那個告訴你一切都會出錯的小聲音，它就像是又吵又討厭的鬧鐘，卻關不掉它。這個鐘會在深夜不定時響起，有它在的那幾週，很吵，很煩，像是火災警鈴，而且你也擺脫不掉。

有時候，你按了貪睡鍵，它幾分鐘後又繼續響；有時候，它根本連響都不響，導致你睡過頭、錯過班機，全家人因為你毀了聖誕節而對你氣噗噗。

最後，它響不響根本都不重要了。你睡不著也無法休息，因為老是在驚恐邊緣而永無安寧。簡單說，焦慮就是個混球。

不過，或許你也不需要休息，或許你不需要片刻寧靜，或許你終將獲得寧靜。你生活中的其他人（通常都是出於一片好意）會告訴你對自己寬容些。他們會說，今天夠難熬了，吃個甜點吧，但他們不管你其實正在節食，這根本是個爛建議。他們會說，你太認真工作了，去度個假吧，即使你知道你需要的是升職和加薪。人們看到你內心的壓力、焦慮和疑懼，他們想安撫你。這並不是因為焦慮對你不好，而是因為焦慮的你讓他們覺得不舒服。

別搞錯我的意思，**他們不想傷害你。他們只是還無法接受一些最基本的人生法**

則：要獲取成功和達成目標，他媽的困難而且常極為痛苦。

但你現在更有智慧了，是吧？你知道痛苦是成功的一部分。

我現在還滿固定會休假，只要時間允許，我會找一或兩個週末出城去休息。有時候，我會休息整整一週，試著忘記工作（通常嘗試都會失敗）和所有的責任。但直到今天，我知道如果不這麼做，會更靠近目標一點。我現在願意做出一些讓步，但就得花更多時間才能達成目標。

我進軍電視界的第一年，年收入還不到一萬美元。還好我獲得一些幫助（當時我住家裡），但這還不夠。第二年，我的年收入是兩萬三千美元。那年，有一個上司給了我很不錯的建議。我問他是否該試著當自由接案的電視製作人，以及我需要花多少時間休假享樂。

他聽了以後大笑三聲，告訴我：**除非你年收入有十萬美元，不然千萬別休假。等你年收入達到十萬美元時，你才有本錢冒點險**。我的媽媽咪呀，想想那些我會錯過的旅行、婚禮、喪禮。我在工作時，其他朋友卻玩得開心。

當下我腦中充滿了錯過各種活動恐懼。但我知道，他說得對。不妨這麼說，當時的我已經很久沒度假了。壓力之大、充滿悲傷和焦慮，而且總是在哭。

現在呢，我可是會去度假的。而現在度假的感覺他媽的更棒了，因為我還記得沒假可過的日子有多糟。

或許你不需要這些休假，也不需要賴床或是和朋友打混閒晃。管它們去死，但你可能也真的需要，想幹嘛就幹嘛吧！但記得去感受那份焦慮。感受它，然後利用它。絕不可以放鬆下來。

這不在於我對成功的定義為何，而是你認為成功為何。這也和金錢、地位、名聲這類東西無關，而是關乎你的夢想。我希望你的夢想寬廣、大膽、瘋癲、狂野，而且他媽的不可能完成，我希望它讓你驚恐、焦慮不已，因為自己很可能難以達成目標而不停有，變得更好的動力。

❖絕望——從靈魂反射的迴音

我們都聽過什麼叫做人生的谷底。所有偉大電影都會用上這樣一招，把故事裡的主人翁推進人生的谷底，驅策他們奮發向上，最終迎向勝利。你也可以照這樣做啊。蜘蛛人失去了心愛的女友瑪莉珍；《教父》裡的弗雷多（Fredo）背叛了他的弟弟，加拿大女星瑞秋．麥亞當斯（Rachel McAdams）最後竟沒有跟萊恩．葛斯林（Ryan Gosling）終成眷屬，而是嫁給另外一個人。

所有扣人心弦的故事都運用了這巧妙的招數，讓我們看到成功的路徑，就是會呈現一道從谷底往上攀的弧線。

這並不是巧合，而是實實在在的道理。當已經退無可退，連可以失去的東西都沒有，或甚至更厲害一點，連可以催逼你離開那個爛地方去奮力一搏的力量都沒有，這種滋味真是不比一般。

如果你已經跌到谷底，你就會知道這個情況不會持續太久。如果你還沒碰到谷底，那麼你就會知道日後當你真的跌到谷底，這個情況不會持續太久。

漫威超級英雄電影系列《星際異攻隊》的編劇和導演詹姆斯・岡恩（James Gunn），是我所認識經歷最為神奇的成功人士之一，光是《星際異攻隊2》，就讓他賺進將近十億美元。我曾問過他，在他影劇生涯的成就當中，對他而言最重要的情緒什麼。

他給我一個簡潔有力的答案：「絕望」。他知道他只能奮力爭取成功，因為他已經走投無路，連失敗都不是一個選項。他是如此深刻地感受到那股侵入到骨子裡的絕望，以至於他能夠從絕望的另一頭爬出來，站上成功的世界頂峰。更有甚者，他為漫威的觀眾開啟一個從未有人想過的全新世界。絕望能為人建構出來的想像可以如此之大。

❖選擇的弔詭

雖然我們誰都不是詹姆斯・岡恩（James Gunn），但我們仍舊能學習這種方式。絕望是如此使人受到侷限，因而使它成為一件美妙事物。美國心理學教授貝瑞・史瓦茲（Barry Schwart）曾在二〇〇五年名為「選擇的吊詭」的TED演講中說到，現代人由於擁有太多的選擇，反而使我們無法做出任何選擇。

他說，不過是吃個沙拉，就有一百七十五種沙拉醬可選，太多了。做出正確選擇伴隨著龐大壓力，以至於大部分人無法做出選擇。

為什麼會這麼難？史蒂芬・史匹柏在二〇〇二年拍攝的科幻電視影集《挾持》（Taken）就有說到，每做出一個選擇，就代表其他所有可能性的死亡。人們害怕做出選擇，因為每往某一個方向走一步，就表示距離其他所有方向都遠離了一步，但人不能一次往好幾個方向走去。毫無疑問的，人們常常無法從事自己所夢想的職業，因為人們夢想的職業太多了。他們不會做出選擇，甚至害怕做出選擇。

然而，一旦做出了選擇，就有了機會。你得要記得，要在所有事情取得成功幾乎是不可能的，比一次要在幾件事上取得成功還要難。這樣說好了，你以為你誰啊？你不過是地球上七十億人口中的其中之一，跟所有人一起競爭搶奪派餅中的一塊。但在搶下一塊之前，至少也決定一下想要什麼口味吧。

如果你要把人生用在成為世界上最偉大的演員、投資銀行家、發明家、食物攝影師、模特兒、避險基金經理人、某個玻里尼西亞島嶼上的獨裁者、舞蹈家，不管是以上任何一種身分，你都很難成功。至少你不可能同時成為以上那些。

因此，你必須接納「人生的谷底」，不能把它視為你的敵人。在這個階段，你必須放棄希望，希望才是你的敵人。希望就好像好心的鄰家阿姨，她會稱讚你唱歌唱得很棒，結果你上《美國偶像》的畫面只出現在廣告裡，遺憾的是那已經是你歌唱事業的巔峰。

❖閉上眼，聽絕望要說的話

不過，我相信這本書的讀者絕大多數都是幸運的。他們大部分都沒有真正跌到谷底過，也從未感受過真正的絕望。對你而言，這樣很好。而如果你曾見識過谷底，那麼你會知道你應該感到慶幸其他人沒有像你一樣。

這就是為什麼你要在心裡製造絕望。你偶爾必須容許頭腦裡的聲音告訴自己，永遠都不能夠從事夢想的職業。這是違反直覺的，因為你一直都是訓練自己要消去大腦中的聲音，這個聲音一直嘗試告訴你失敗和死亡都是迫在眉睫的。每個人都是這樣，但這種情況即將改觀，你要反其道而行。

每當有一絲疑慮躍入心裡，你就要閉上眼睛，嘗試傾聽那小小的聲音。此刻，那股聲音非常微弱，被埋藏在內心的深處，或者其實就位於你內心深處。那股聲音非常輕微，不會傷害你。

但現在，你即將開始呵護它，好似一個珍貴的小孩。你要傾聽，你要撫育，你要愛它，讓它知道它很乖、很聰明而且它是正確的。然後，它很快會在你體內長大，直到它的力量大到能壓垮你，直到無法控制。每一天，你都將會感受到那扇門已經關上了，而你將永遠無法掙脫出一條活路。你所培育的那股微小的聲音，現在已茁壯成震耳欲聾的怒吼！

而這就是你要踏上的旅程起點。

❖做每件小事，為了同一件大事

你將開始感受巨大的絕望。你沒有辦法想要得到什麼就得到什麼。你會覺得如果無法得到，人生將毫無意義，所有的痛苦和折磨都將付諸流水。突然間，前面所有的選項都通通被拿走。沒有一百七十五種沙拉醬擺在你面前任君挑選了。

你眼前只剩下兩種選項：**去爭取你想要的，或是不去爭取你想要的。**

從這裡開始，你要走的道路第一次變得清晰，所有你所決定要做的小事，都是為著同一件大事。至少，只要你想，這就會是你的重大決定。這種非常特殊的感受叫做絕望，而你所身處的位置叫做谷底，這將會是你人生當中所發生最好的事。

對我來說就是如此。

我在二〇一四年的夏天遭遇人生的谷底。不要誤會我的意思，我在很多時候可能都是世界上最幸運的人。我生於二十世紀的一個小康家庭，我很幸運能找到一個很酷的工作。我人生的谷底發生在我出國的時候。

當時我住在一家漂亮的飯店，一切應該都很美好，但就在這裡，我遭遇人生低點中的最低點。不過，在我要講述那天晚上發生的事情之前，先讓我敘述這一切的起源……

剛才，我不是建議你要培育你個人的內心惡魔，讓它折磨你直到彷彿置身地獄？我這不是天外奇想，我事實上就這樣對自己。那時我並不知道我正在這樣做，但回顧當時，那對我的個人發展是超乎想像的重要。

還有，這並不是我計畫好的。那時我遭遇各種災難和混亂，我卻不知怎地把它轉變成我人生的轉捩點，引導我走到今天的境地，還寫出了一本書，吸引讀者諸君讀到這一頁。（除非你是跳著看的看到這一頁，這樣的話，請你翻回去前面閱讀其他部分，或者你應該買另一本送給朋友，這本書花了我非常多心思。）

❖十四歲的酒精

一切都是始於我大約十四歲的時候，那時我們全家去墨西哥去旅遊。那段旅行我其實沒什麼記憶了，我唯一記得的，只有五個字：「草莓戴克利」⑫。我一直都是個相對較乖的「好孩子」，所以要是我自己出去遊蕩，家人都不會擔心。

不過，當時我們住的全包式度假村裡，似乎沒有任何一個人包括工作人員在乎有飲酒年齡限制這回事。我甚至不知道為什麼我點了一杯含酒飲料，這想法從哪來的我也不清楚。家中沒人喝酒，只有很偶爾會在晚餐時喝上一兩杯葡萄酒。但是老天爺，我竟然愛上那杯垃圾飲料的香甜、冰涼滋味。更有甚者，我更愛我喝了兩杯以後的感覺。周遭的事物似乎都變得輕鬆起來，我變得沒那麼害羞了，對於因為身材肥胖而缺乏自信，而且還在游泳池邊穿的是一件T恤這回事，似乎變得沒那麼在意。

想像一下，一個只有十四歲，已經懷有不安全感的男孩，利用酒精（或不管那是什麼的東西）來蒙蔽那些不安全感，而不是去處理問題並從中學到教訓。

那時，我是個古怪又麻煩的小孩，恐怕極度惹人厭，所以對於家人來說，幾杯戴克利調酒下肚的我，可能跟沒喝酒的我沒什麼差別。接下來好幾年，我對甜到令人噁心的假熱帶飲料已經興趣缺缺，但對於讓我「自我感覺」良好的胃口，卻才從此被打開。

好，接著直接跳到我二十五歲左右的時候。對於那時的我，飲酒不再是為了好玩，或是暫時放鬆一下的娛樂，而成為了我用來醫治一切問題的藥物。我開始每天

⑫ 一種喝起來像冰沙的調酒。

重度酗酒，我開始晚上出去找樂子（我只有夠搭計程車的錢，而且還好我太害怕不敢酒醉駕駛）。

我到了快三十歲時，每晚至少在晚餐前就乾掉一瓶葡萄酒，晚餐時再來一瓶，然後我會搭計程車，到某家讓我可以喝威士忌又搭訕女生的店（不過幾乎都沒有成功過，因為我既沒有安全感，外表不好看，內心又已生病，可悲、不自在，還已喝醉了）。

然後，我會獨自一人在凌晨兩點鐘回家，再喝個幾杯葡萄酒，才會不支倒在沙發上睡著。很糟糕的是，這種狀況並不是偶一為之，而是一星期至少有四或五個晚上都是如此。另外兩三天的晚上，說真的也並沒有好多少，但至少我通常還能夠把自己弄上床睡覺。

等到我三十歲的時候，我每天平均要喝掉四瓶葡萄酒或一瓶龍舌蘭酒、伏特加。每天都是如此。我生病了，狀況一直很差。我會在別人的派對上喝到掛。有些早晨我醒來，只能恍惚記得前一晚上的事。

那年的五月，我去參加某個朋友的三十歲生日派對。我獨自赴宴，但我看起來很糟，心裡又害怕，而且我知道我已經失控了。我在慢性自殺，而且因為心裡的高傲，我並沒有試著停止酗酒，反而在心裡假裝這是一場光榮赴死的盛宴。在宴會上，我朋友的某個朋友把我拉到一旁，告訴我他認為我在對自己做什麼事。

他是一名急診室醫生，他說他有非常多急救「像我這樣的人」的經驗。當然，我感到驚駭不已，因為竟然從別人口中聽到我自己的狀況，雖然說我確實知道他找我來講這番話是對的。

他說我的眼睛看起來有一點黃，還詢問了我的酗酒習慣。我把一切都告訴他，毫無隱瞞，他聽了，聳聳肩，用一種幾乎毫無情緒起伏的口吻說，我可能再沒多久就會死。我聽了只是大笑，不過他應該看過這種反應，沒有什麼是他沒見識過的。

❖三十而立的麻藥

這一番話比一記警鐘的威力還強大。你所愛的人來跟你說，他們關心你，並讓你感到你是特殊且重要的，只是讓你心情好而已。他們無條件的愛最能夠讓人振作起來了。

但是這個人跟我無親無故，他並沒有讓我感到我是被愛或是特別的，他給我的感覺就像我當下對他的感覺一樣：無趣、普通，而且他要講什麼我都預測的到。他不過就是個會走動的資料庫而已。而且，他的話還真有點刺中了我，可惡。當然，我並沒有準備好要承認他說的大部分事情。

「我猜我可以節制一點」，我說。他告訴我要小心身上有沒有任何部位呈現黃色。要是真的是這樣，我恐怕就真的時日無多了。那在我耳裡聽來簡直就是太誇張了，他能知道些什麼？人才不會變黃色呢（但真的會）。

讓我們再回到二〇一四年的夏天。我要說的故事始於某個非常早的清晨。大約凌晨三點，我終於喝光第二瓶龍舌蘭酒，腳步踉蹌地回到我的飯店房間。我立刻陷入睡眠。兩個小時後我清醒過來，覺得頭暈腦脹，膀胱漲得不得了，但我不是只有一點醉而已，而是已經爛醉如泥。

我拖著已經脫到腳踝的褲子，在房間裡四處徘徊尋找廁所，但我遍尋不著，不知怎麼就是找不著，所以我放棄了。我拾起前一天穿的衣服。有一條短褲、幾條襪子、一件T恤，我把這些堆到房間一個角落。接著，我不假思索地，就朝著我自製的家用馬桶尿下去了，然後我再次不省人事。

好幾個小時後，我清醒過來，整個房間瀰漫著尿臭和可悲的氣味。我沒花太多時間便回想起我做過些什麼。我已經有太多、太多次像這樣爛醉到掛，但這次的感覺跟過去完全不同。這次真的感覺可悲到極點，我為自己感到懊悔不已、羞愧不堪。我痛恨自己做了不想讓任何人知道的事情。

四下無人的時候，就是一個人的真面目顯露出來的時候。而我真的是醉到一個昏天黑地。我既可悲又病態，我是個不折不扣的酒鬼，因為找不到廁所，只好小便在自己的衣服上面。我理應是一名專業人士，是一個領導團隊的人。我應該要有大人成熟的樣子，我應該要當個好男朋友、好伴侶、好愛人。然而我什麼都不是。我活生生的就是我所鄙視的一切的化身。我很軟弱，我是魯蛇。

接著，彷彿事情還不夠糟似的。等我進了淋浴間，開始擦拭我發痛的身體，我發現，我身體的右側看起來好像有人用黃色的螢光筆塗過一樣。難道一夜之間就變這樣？這個樣子有多久了？有好幾個星期了嗎？誰知道？理論上我應該是唯一一個有看過這狀況的人，但很可惜，我並不是個值得信賴的訊息來源。

我知道時間到了，我必須做個選擇。這是我的谷底，我已陷入絕望，我必須要做個決定。我人生中該做的其他決定，已不再顯得重要。我理想的居住場所，我長大後所夢想的職業，晚餐我想要吃些什麼，都已不再重要。我唯一的抉擇，不是生，就是死。

這並不是個簡單的選擇。

❖活著這件小事

死亡代表著一切我所熟悉的，要是選擇死，事情會很簡單。我只要持續做我現在做的一切就好。不會有人知道我有這麼慘、這麼可鄙，病得這麼嚴重。我可以繼續隱藏我的問題，什麼都不必做。

我可以繼續找樂子，繼續酗酒，繼續遮掩我的不安全感，繼續一天之中有三分之一的時間都在不省人事中度過。這樣事情就簡單了。這樣我就會死，不需要擔心這樁爛事了。

別人還會覺得我很可憐，他們還會覺得我一定遭受很多痛苦。我的葬禮會有很多人來參加，我認識的人會真摯地懷念我，會有人說：「原來如此」，或是「事出必有因」。

選擇活下來，我就要面對一切我所害怕的事。戒酒並不是停止把酒精放進嘴巴裡就好了。戒酒是意味著我要跟我自己共處，我要去感受我的一切感受，要為我所有行為負責，不再能夠為隔一天找藉口。那意味著我會感到渾身不自在，沒有地方可藏躲。日子要繼續一天一天過下去，我得繼續這樣可悲、害怕，充滿不安全感地過下去。活下去似乎不是個好主意。

我得老實說，我不知道為什麼我做了那樣的決定。但是我站在淋浴間裡，痛哭了一場，然後我走出淋浴間，自那以後再也沒沾過一滴酒。

那一天改變了一切。現在，我所有的決定都只關乎一件事。這些決定都必須要能夠支持我在人生的谷底時所得出的核心決定。在我的絕望升到最頂峰的時候，我為自己想要什麼樣的人生做了一個決定，自那之後，一切都要以那個目標為中心主旨。而一切事物都已好轉，我得到了許多我想要的，我尚未得到的，想必日後將會得到。

我並不是說戒酒是讓我快樂起來的原因，只是我個人是這樣。事實上，我覺得飲酒是件樂事。如果你能節制自己，飲酒是個好玩、有品味的嗜好，晚餐時能搭配個兩杯葡萄酒，或是悠閒地發懶時來上幾瓶啤酒，沒有什麼比這更棒的了。我做的決定跟酒精什麼的毫無關係，我的決定是我要活下去。

我選擇要擁有我想要的人生，無論有多困難或多痛苦。你也應該一樣。

❖與絕望相伴，繼續前行

希望你不曾有過跟我一樣的經歷，那真的很可怕。相信我，一定有別人有過比我更慘痛的經歷，但我的故事也沒有好到哪裡。不過你不要害怕谷底。谷底不應該是你不小心跌下去的地方，而應該好像是你刻意買張機票要去的地方。谷底應該是你選擇置身的地方，不要讓它發生在你身上，而是要為你而發生。

我的絕望翻轉了我的人生。找出你的絕望在哪裡，找出你的谷底。你不需要在人生中真實建立一個谷底，但是你可以選擇用你的心靈去感受。當你到達谷底，你就會知道了。你還必須決定去追尋你想要的人生，而你將能找到。

你不能讓自己停止感受你的感受，你也不應該去嘗試。去感受、使用，然後成為你想要變成的人。善用「失敗」給你的那些好用工具：羞恥、焦慮、絕望。

這些事物將不再能掌控你，它們不是障礙，而是可以堆疊的積木，你可以用來建立一個比你現在所擁有的沒那麼鳥的人生。

現在你應該可以看到一條往前的路了吧，我希望你能感覺好一點。才怪！那是陷阱題，我不希望你感覺好一點，不要被我騙了！

焦慮這檔事

在聚光燈前擁有超過三十年的經歷，加上連續十二年出演爆紅電視劇，你大概會認為喬恩·克萊爾（Jon Cryer）已經非常習慣成為站在聚光燈前面了。不過在某些方面，他跟他過去沒什麼兩樣。

「我仍然會感到害怕。每一次要演出或要在大眾面前亮相，我都會發抖到骨子裡。」

從很久以前開始，喬恩就是透過他的焦慮來驅動自己。「那種鞭策著我的負面情緒就是焦慮，我對戲劇和表演的熱愛則是幫助我克服嚴重焦慮的工具。」但他並沒有讓焦慮掌控他，他則是利用焦慮。「焦慮幫助我建立我的表演風格，我演出的角色都會懼怕某些事物。」

在備受歡迎的美劇《男人兩個半》於二〇一五年播畢後，喬恩收到如潮水般湧來的演出機會，選擇紛紛湧到他面前。在他嘗試著想要答應一切邀約時，喬恩這樣形容他自己，「我已經忘記焦慮是如何地在我為演出的角色建立心理狀態時扮演重要的功用……我心裡有一部分很害怕要是我失去它，我將無法成為像以前那樣好的演員。」

焦慮通常也不限於發生在我們的職業生涯上。「我很愛我的孩子，我非常焦慮，不知道能不能當個好爸爸。我總是很擔心我做錯的地方。」如果說喬恩面對其他的焦慮，能為我們帶來任何指教，可以說正是這種焦慮，使他成為一個了不起的爸爸，成功地做好他的親職角色。

喬恩很感激他的焦慮成為他的驅動力，但他並不認為那是能夠事先被計畫好的。

「把每件事看成事出必有因，是種安慰人的想法。世間事物都是一團混亂。身而為人，我們會給事物賦予一套說法，讓我們自己感覺良好，但那卻不是事實，只是我們選擇去如何解讀而已。由於可以帶來安慰，所以我們會為人生賦予一套前後連貫的說法，但有時候人生真的就不是那樣。」

【自我快樂11】

你不比其他人高尚，但也不比任何人低下

如果你已經讀到這裡，你做得很棒（小心，別忘了提醒一下仍舊沒你想像的棒）。這表示你願意改變，這表示你願意接納自己並沒有像其他人說的那麼棒。但你已經接受了我給你的震撼教育，這並不容易。

——埃蘭．葛爾

❖高階課(2)人生走位，有你的粉墨登場

從沒有人告訴你就如同我們已經看到的，那些愚蠢名言很少能真正禁的起仔

細檢驗，不過我認為真正有道理的一句話，是「若某件事很簡單，那就不值得去做」。應該要有人來打擊你的士氣。如果你曾經誠實面對自己，你恐怕會覺得自己一文不值。但是，一文不值的你要怎麼在這個世界闖出一番名堂？難道你不該放棄嗎？

你這個蠢蛋，你才不應該放棄，為什麼呢？因為幾乎每個人也都跟你一樣啊，甚至有過之而無不及。所有與你一起競爭的人，都有著跟你一樣的問題，但是他們不像你一樣，已經從我這裡學到了新知識。他們不曉得他們沒那麼了不起，但你知道，你現在已經遠比別人更勝一籌。

❖不需要完美，同樣值得讚美

用誠實的角度環顧四周，其實大部分人都滿糟糕的。讀一下你臉書上的朋友動態，花個幾分鐘（如果你能夠不動肝火的話）。我猜你認識的人當中不到百分之十，對周遭世界正發生什麼事一無所知。那些人當中，大概只有百分之十有清楚的頭腦。

把這些加總起來，我們可以合理估算，你正在交談的人當中只有百分之一能夠勉強算的上是明白事理。所以說，當你嘗試與人溝通的時候，有高達百分之九十九的機率只是在浪費時間。不要誤會我的意思，我是說，你是沒有好到哪裡去，不過，其他人比你更加好不到哪裡去。

只要能夠明白你其實沒那麼了不起，當你遇到挑戰的時候，你就能認清現實並想辦法克服。沒有人會想到如何解決自身的問題，大家都在重蹈你過去的覆轍。在現今這個世界上，能夠嚴格檢視自己是非常困難的。

你每一分鐘都能用來學習、成長，更深入地往下挖掘充滿養分的土地，而你的競爭對手只知道在舒適地在太陽下取暖，洋洋自得他們的葉子長得多麼碧綠。不再去「感覺」良好，你才能真正變得優秀。（好啦這也不是那麼絕對，但你知道的，你有機會。）

人生是一場競賽，不可能人人有獎。想要搶下你的那一份，你必須停止認為其他人都比較厲害，比較有天賦，或者別人才是大黑馬。因為你已經不再這樣看自己了，所以你現在必須停止這樣看別人。

此時此刻，你要暫緩對自我的批評，讓我們來玩個小遊戲（這是你應得的，不要內疚，不要保留，做就對了）！

- 你母親最糟糕的特質是什麼？
- 你父親最糟糕的特質是什麼？
- 你兄弟姊妹最糟糕的特質是什麼？
- 你重要的另一半最糟糕的特質是什麼？

好吧，這些都是你所愛的人，講他們的壞話恐怕是有點強人所難。沒關係，我們把這個遊戲變簡單一點。

- 你老闆最糟糕的特質是什麼？
- 認識的人當中，你最不喜歡的那個人最糟糕的特質是什麼？
- 你最不喜歡的同事最糟糕的特質是什麼？
- 你最喜歡的前任男（女）朋友，最糟糕的特質是什麼？
- 你最不喜歡的前任男（女）朋友，最糟糕的特質是什麼？
- 地球上你最不喜歡的人，最糟糕的特質是什麼？

這樣就簡單多了，對吧？這些人存在於你的生活圈，你不覺得你比他們更勝一籌嗎？就算你很遜好了，難道他們不是更遜嗎？

❖不浪漫，一樣超有愛的人生

我就說這遊戲應該是滿好玩的。我可以用我個人的經驗來告訴你，唯一一種能勝過得到自己想要的東西的感受，就是看到某個曾經對你很惡劣的人，輪到脫褲子。美國小說家戈爾．維達爾（Gore Vidal）就說的很好：「贏得成功還不夠，其他人都得失敗」。

這種想法不是只是有點壞心眼而已，而是真的挺壞心眼的，不過有時候，用一點惡劣的心思但卻能通往正確的方向是可以接受的。畢竟，不只是那些顯而易見的事物，人生中的一切都是競賽。

你想要的工作、想追求的人生伴侶、喜歡的畫，如果非常棒（事實上應該也是如此），就會有很多其他人也想要。如果你跟一個很棒的對象結婚，那麼你就是讓這個人死會了，其他人再也沒有機會。

同理，如果某人跟一個很棒的對象結婚，你就沒有辦法跟她在一起。要是這個世界上「好東西」的數量是有限制的怎麼辦？如果說不是每個人都能得到他們想要的東西怎麼辦？要是那些好人、好藝術品、好工作，就像大宗商品一樣是限定數量的怎麼辦？人類很快就要把石油給用光，要是其他好東西也都被用完怎麼辦？

用這種眼光看人生，當然一點也不浪漫，不過我敢肯定這是真的。所有你想要的東西都是數量有限，我們要透過競賽才能取得。你腦海裡的邪惡聲音，不會總是音量大到能驅使你追尋目標。

每隔一陣子，你就得另尋目標，把另一個人當作是敵人。你可以選擇用任何你想要的方式競爭。你可以正大光明，也可以玩骯髒手段。說真的，你有很多方式可以去爭取你想要的（我建議你要老實地競爭，不要去傷害別人，不然日後你就會變成其他人報復的對象），但有件重要的事要記得，你的敵人擁有你才剛擺脫掉的弱點。

他們對自己的自信沒有正確根據，他們沒有任何懊悔，他們行事的風格彷彿他們曉得他們到底在幹嘛。你要學習讀取弱點，而且要記得不要像他們一樣。千萬不要因為你覺得人家比你厲害就退縮。很有可能他們只是虛張聲勢，防止像你這樣的人入侵他們的地盤。

❖承認吧，你就是注定平凡也很棒

你現在已經變得不一樣了。你不再像周遭所有人那樣，被世俗的恐懼和不安全感絆住。你已經擁有了充足的彈藥，你應該要很有自信才對。發現派得上用場，就使用這些技巧。為你的競賽實施地毯式轟炸。

但千萬不要遺忘你所愛的人，用不同的方式對待他們，教導他們你新學到的技巧。利用你的技巧幫助他們得到他們想要的東西。

不過我要提醒你，地球上你真正愛的人應該有十個左右，還有其他七十億人是你不愛的。所以，你應該要比至少七十億人感覺更好。享受一下這種感覺，但不要讓它持續太久，不然你會開始又自我感覺良好，變回過去的那隻怪獸。我在這裡講的僅供緊急狀況使用，把它收好，不要遺忘放在哪。你一點也不了起，但你仍舊能夠贏，因為其他人比你還糟。

在我們結束這個章節之前，我想用班叔（Uncle Ben）告誡蜘蛛人的一句話，來提醒你：「能力越大，責任就越大」，不要忘了這句話。你現在已經變成一台機器，你現在所具有的能力，更能夠幫助你成就你的願望。也會讓你更有力量去愛別人，為著那些不像你那麼幸運的人，還有那些並未與你直接競爭的人，立下成功的典範。

這樣說讓我有點自責（才怪），但現在你已經能夠任憑你的意志改變周遭的世界，你也能為其他人改變世界。你已經繼承了了不起的技能（在我看來，這是非常明顯的），而現在，會有人看著你利用那些技能讓四周的世界變得更好。不要以為我是要你成為某種犧牲奉獻的超人。

不只是你，你所愛的人也生活於同一個世界。所以，為你自己害你所愛的人把世界變得更好，也可以是一種利己的行為。如果其他人的人生因為你的作為而變得更好，嗯，你也只好接受。

讓自己進入需要你的幫助的地方，擴展你的所知所學。透過聆聽，讓自己進步。很多人都不會把時間花在做這種事情。打開耳朵，閉上嘴，你會立即感受到某種新的東西，一絲亮光進入你冰冷、黑暗的心中。

承認你並不了解他人經歷過些什麼，才能讓你從其他人的經驗學到東西。這是你身而為人得要持續不斷的功課。僅僅因為你並沒有那麼了不起，並不表示你就必須愚笨而低下。

而且，其他人或許也沒那麼了不起，他們仍舊擁有非常多值得你學習的東西。

「否定」這檔事

要找到像保羅．謝爾（Paul Scheer）這樣具有如此豐富而多元資歷的演員，應該是非常困難。他演過電影，製作過廣受歡迎的電視節目，還是史上最長壽的外百老匯喜劇秀的製作團隊一員。保羅．謝爾所涉足的都是非常競爭的領域，他是怎麼有辦法總是保持發光發熱？

他是這麼說的：「以創作來說，你的動力來自於競爭。想要表現得和你的同儕一樣好，想要持續不斷地讓他們對你刮目相看，好讓自己留在業界，具有重要性，跟其他人為在同一個段數上。你在潛意識裡會不斷地想辦法勝過他人一籌，事實上，正是這種想法使得整個業界追求好還要更好。

顯然，也不全是因為要競爭的關係，你會創作也是因為你熱愛你所做的這些，但如果藝術沒能一直與時俱進，或無法啟發你不斷進步，那還有什麼好做的？無論我們身處於哪一個領域，我們都想要站在前人的肩膀上不斷精益求精。」

創作的過程當中，有很大一部分是基於創作者對藝術的熱愛，但是要想得到好成績卻不是那麼簡單。「當焦慮和壓力升到最高的時候，還有我經歷到很大痛苦的時候，往往是讓我在藝術上取得最棒成果的時候。

我遭遇過一次很慘烈的分手，然而那一年我經歷了不可思議的創作能量，我的創作力源源不絕。好似我把那些憤怒和怨氣的能量，通通都灌注到創作上，如果那股怒火能夠好好地被引導，就能創作出很棒的作品。」

不過，在保羅·謝爾成為喜劇界家喻戶曉的名字之前，他曾經歷過艱困的日子。

「我去參加知名電視節目『週末夜現場3』的甄選但沒被選上，我覺得糟透了。只要沒能拿到好的演出機會，你就會想說：『我本來有機會，但我卻錯失了。』這對自己做為一個演員來說真是個很大的否定。

我就是『不夠好』。而這些對我來說都是很強大的動力，如果你覺得你就是不夠好，這就好像電影《洛基》裡面那一段，把洛基做自我訓練的許多畫面剪接在一起的蒙太奇橋段。

拳擊手洛基是靠著負面的情緒來驅動他自己，他被人揍的很慘，所以他對自己說，好，那我要功成名就。洛基被所有人說：『你是什麼爛咖？你是個弱雞，你不夠格上台比賽啦』，這些話驅使他去證明他夠格上得了檯面。如果你是用正確的方式去消化負面情緒，你就能夠挑戰自己更上一層樓。」

不過人們有些事就是不會改變。「看看洛基。他仍在與人搏鬥。『去你的，你不能再打鬥了……』這種人就是會成功的人，被人看扁是激發人向上的最佳契機。」

不只是洛基，你不一定需要要當個英雄。天行者路克就是個單獨行動的獨行俠，黑武士達斯維德被他所愛的人包圍，還有很酷的座駕，他是個好傢伙。」

所有見過保羅的人都會知道，他是個好人、不是壞人。但他就像許多人一樣，他找到了導引和駕馭負面情緒的方法，讓他更上一層樓。

壓力和焦慮會激發創造力。

【自我快樂12】

活著是一樁小事，生命終究會消逝

要進入人生這片神秘水域，你需要帶著你的憂傷、憤怒、恐懼、失敗……跟你一起。

——埃蘭．葛爾

❖高階課(3)生死契約，寫在人生結語之前

這一章我要保持簡短和溫馨，我們活著的每一天都是平白賺來的。每一天，只要你還活在地球上，就是個了不起的奇蹟。父母沒有經你允許，就生下你，把你撫

養長大（有些人可能沒有）。現在你活著，你很快也就將要死亡，只是現在還沒。

活著，終將有一死。每次你開上高速公路，你就是信任其他人不會開超過中間的安全島活生生把你撞死。每次你去餐廳吃飯，你就是信任廚師不會不小心害你中毒。每次你閉上眼睛，你就是信任不會有某個發瘋了的陌生人拿刀刺死你，把你做成人皮面具。

此生是暫時的，死亡則是永久。你在世上的期間能做的事很少，死亡以後，你能做的事情是「無」，而且是永遠。所以，不要浪費你的時間什麼事都不做。冰冰冷冷地躺在地底下，直到你棲身的墓園變成一座沃爾瑪量販超市，還需要非常久的時間。

生命是光輝的，生命充滿了冒險和無窮的機會。

❖真相是，我們都得各別面對自己的人生

不要浪費生命，不要等待。明天不會給你任何承諾弄清楚你到底想做什麼，然後趕快飛奔去做。趕快走出去，用力開創人生。沒有人能替你過你的人生。不會有人在乎你有沒有實現自我。我不在乎你是否能成功。我寫這本書是為了我自己，是我想要把腦中的想法付諸文字。如果你因為我的書而讓你的人生變好，我會高興個三十秒鐘，接著，我們個別都要回去面對自己的人生。

在我寫下最後這幾段話的時候，我感到很大的一股成就感，但它終於成書被你讀到的時候，這些感覺已經消失。感覺對我沒什麼用。感覺不會讓我變得更好，不會讓我成長，不會為我指引人生。

所以，你不是為了我，而是或許是為了你的父母、你的姊妹，或你哪個煩人的阿姨，她總是在你努力收拾人生殘局的時候，聒噪個不停。你是為了你自己，因為你眼前不再有其他選擇，因為你要是沒能讓自己贏，你就會繼續庸庸碌碌，終此一

生。死亡很近，你趕快給我開始過好你的人生。

而現在，當你帶著新學到的知識，要進入人生這片神秘水域，你要帶著你的憂傷、憤怒、恐懼、失敗、絕望、痛苦、焦慮（還有你的藥）跟你一起，利用這些，讓這些事物來「幫助」你，不是拖住你。

無論發生什麼，你都千萬要記住這一件事：你「沒有」那麼了不起。

後記

撕下敗犬標籤，因為恐懼使人失能

過去這一年來，我跟不少人進行訪談，討論這本書所談到的主題。我發現我所訪談的每一個人，真的是「每一個人」喔，都有過利用負面情緒，來為他們化為助力的經驗。

其中就有兩位告訴我，這種思考方式幫助他們扭轉了他們的人生，我認為這樣的思考方式，比實際上是否有負面想法還來得重要。這兩個人的背景可說是天差地遠，但是他們都對他們的慘痛過往直言不諱。他們都是堅持不懈，努力打拚而成為我所景仰的藝術家，所以我想和大家分享他們的說法。

如果說這本書是在探討我們的過去、現在，並要幫助我們放眼未來要走向何方，以下這兩段話所描述的，可能也會是你日後的心境寫照，是說一切都好轉的話。

我剛咬下一口超級美味的土耳其棉花糖，在我經常購物的店裡找到的……這款糖果味道甜滋滋，裡面夾著開心果碎片，口感輕軟又紮實，反正就是好吃極了。然後我想，如果說這款糖果裡面夾的是某種髒東西，味道嚐起來噁心又恐怖，我還會喜歡它嗎？不，這款糖果馬上就會變難吃了。負面情緒就像是美味糖果裡夾的髒東西。或許那些髒東西有其所在，或許它們需要被處理，但我會把這些髒東西踢走，距離我正常的日常生活越遠越好。

——約翰．達尼耶（John Darnielle，雪羊樂團的主唱兼詞曲作者）

我認為恐懼會使人失能。不安全感，以及我成長過程中對於經濟能力的不安和過度重視，在許多方面驅策著我前進。我試著讓自己記住，這樣的感受並不是事實，雖然總體而言，我本來就可以有各種感受，不過我試著不要讓這些感受主導我，像我過去那樣。覺得自己有如敗犬，這種感受是能夠激勵你。但有天當你回頭，你會看到你不再是一隻敗犬，這種時候，你就知道你該拿掉這張標籤了。

——亞歷・鮑德溫（演員）

致謝辭

首先，我要感謝每一個曾經對我說過或做過惡毒事的混蛋。我永遠不會忘記你們，去你媽的給我下十八層地獄。

給我在方德力出版社（Foundry）的經紀人婕絲・瑞格爾（Jess Regel）：你幫我把我腦中的一個想法化為一本可以打開於掌心的書，簡直是奇蹟，你真是個魔法師。

給我在中央總站出版社（Grand Central）的編輯麥蒂・卡德維爾（Maddie Caldwell）：你幫我把一大團文字重新塑造成對我更具意義的文章，完全超乎我想像，你總是令我大為驚嘆。

給我了不起的團隊成員，克莉絲汀娜・郭（Christina Kuo）、大衛・福克斯

（David Fox）和潔西卡・柏格曼（Jessica Bergman）：如果沒有你們的幫助和指引，我必定會無比地迷惘。謝謝你們做我精神上的嚮導。

給我的朋友，艾倫、馬修、彼得、希德、比爾、詹姆士、珍妮佛、彼特、凱西、妮可、班納：你們是幫助我維持神智正常的力量，也容許我胡鬧，你們對我非常重要，我好愛你們。

給我《鑽石求千金》（*Bachelor*）[13]節目的大家庭：你們每一個人是讓我人生過去十年變得如此趣味橫生的主因，我們一起到過世界各地，我們在這段期間建立起的友誼讓我享受到無比的樂趣。謝謝你們讓我在你們的人生中，佔有小小的一席之地。

給一路以來一直鼓勵我的人們：麥特、約翰、巴比、伊莉莎、珍妮、約尼、布藍儂、喬登、德瑞克、傑森、班、尼克、瑞秋、喬喬、克萊格、艾比蓋兒、貝塔妮、梅根、阿里、克里斯、芙魯拉、崔文、凱莉、查德、麥可、提姆、巴比、保羅、喬恩、艾琳、茱莉、米格安、馬克、史考特、史恩、凱瑟琳、JP、艾希莉、艾許莉、艾希立克絲、凱特琳、肖恩、寇特妮、保羅、勞勃、珍、貞恩、潔德、泰納、卡莉、艾凡、艾曼達、湯米、克立司、巴瑞特、馬克、潘、艾薩克、芮秋、波貝克、雅思兒，當然還有尼克·凱夫和壞種子樂團（Bad Seeds）。

給莫莉：跟你在一起的每一天，一天比一天更好。我是無可自拔地愛你。

給我的姐妹，塔兒和希兒：謝謝你們鼓勵我要胸懷大志，你們倆好酷，狠狠地教訓了好多人，這啟發我要振作。給我的父親羅伯：謝謝你那麼古怪、難搞和聰明，我想我繼承了你某些特質。

還有最重要的是，我的母親塔瑪兒：我所做的大部分，都是為了要讓你以我為榮。你是我見過最堅強的人，謝謝你總是不允許我放棄。

---

⑬《鑽石求千金》（*The Bachelor*）是美國真人實境秀的約會節目，從二〇〇二年起開始製播，作者自二〇一〇年起擔任該系列節目的製作人。

國家圖書館出版品預行編目（CIP）資料

讓好事發生的 12 堂讚美課！：人生或許屁事不少，好萊塢製作人教你如何快樂自找／埃蘭．葛爾（Elan Gale）著；蘇凱恩．尤采菲譯. 新北市：大樂文化，2020.07
240 面；14.8×21 公分. --（Power；28）
譯自：You're Not That Great: But Neither Is Anyone Else
ISBN 978-957-8710-81-5（平裝）
1. 自我實現 2. 生活指導

177.2 109007875

Power 028

讓好事發生的 12 堂讚美課！

人生或許屁事不少，好萊塢製作人教你如何快樂自找

作　　者／埃蘭．葛爾（Elan Gale）
譯　　者／蘇凱恩．尤采菲
封面設計／蕭壽佳
內頁排版／顏麟驊
責任編輯／王藝婷
主　　編／皮海屏
發行專員／王薇捷、呂妍蓁
會計經理／陳碧蘭
發行經理／高世權、呂和儒
總編輯、總經理／蔡連壽

出 版 者／大樂文化有限公司
地址：新北市板橋區文化路一段 268 號 18 樓之1
電話：（02）2258-3656
傳真：（02）2258-3660
詢問購書相關資訊請洽：2258-3656
郵政劃撥帳號／50211045　戶名／大樂文化有限公司

香港發行／豐達出版發行有限公司
地址：香港柴灣永泰道 70 號柴灣工業城 2 期 1805 室
電話：852-2172 6513　傳真：852-2172 4355

法律顧問／第一國際法律事務所余淑杏律師
印　　刷／韋懋實業有限公司

出版日期／2020 年 7 月 6 日
定　　價／290 元（缺頁或損毀的書，請寄回更換）
I S B N　978-957-8710-81-5